Baruch Spinoza

Lettres sur le mal

Correspondance avec Blyenbergh

Traduction de
Charles Appuhn

Dossier et notes réalisés par
Mériam Korichi

Lecture d'image par
Christian Hubert-Rodier

folioplus
philosophie

Mériam Korichi, née en 1973, est agrégée de philosophie. En 2003, elle soutient une thèse sur la définition de l'esprit humain chez Spinoza. Elle enseigne actuellement la philosophie à l'université de Lille-III. Aux éditions Garnier-Flammarion, elle publie *Les Passions*, dans la collection Corpus. Pour la collection Folioplus classiques, elle réalise les dossiers de *L'Île aux esclaves* de Marivaux, de *L'Étranger* d'Albert Camus et de *Hamlet* de Shakespeare. Par ailleurs, elle travaille comme dramaturge et metteur en scène.

Christian Hubert-Rodier est ancien élève de l'École normale supérieure et agrégé de philosophie. Il a vécu six ans à Venise, et se partage actuellement entre l'enseignement de la philosophie à Saint-Cyr-l'École, la peinture, et des recherches sur les problèmes de la couleur.

Sommaire

Lettres sur le mal
Correspondance avec Blyenbergh
Lettre 1 – Blyenbergh à Spinoza 7
Lettre 2 – Spinoza à Blyenbergh 12
Lettre 3 – Blyenbergh à Spinoza 19
Lettre 4 – Spinoza à Blyenbergh 36
Lettre 5 – Blyenbergh à Spinoza 47
Lettre 6 – Spinoza à Blyenbergh 54
Lettre 7 – Blyenbergh à Spinoza 60
Lettre 8 – Spinoza à Blyenbergh 64

Dossier
Du tableau au texte
Analyse de *Tarquin et Lucrèce* de Titien (1571) 69

Le texte en perspective
Les mots du texte 85
L'œuvre dans l'histoire des idées 101
La figure du philosophe 111
Trois questions posées au texte 122
Groupement de textes 139
Prolongements 153

Lettres sur le mal

Lettre I

Blyenbergh à Spinoza[1]

Monsieur et ami inconnu,

J'ai lu attentivement plusieurs fois déjà votre Traité récemment publié avec son appendice. Dire quelle extrême solidité j'y ai trouvée et quel plaisir j'y ai pris, c'est à un autre plutôt qu'à vous que je croirais convenable de le faire ; du moins ne puis-je passer sous silence que, plus souvent mon attention se porte sur ce livre, plus il me plaît et que je ne cesse d'y découvrir quelque chose que je n'avais pas encore observé. Je ne veux pas toutefois avoir l'air d'un flatteur dans cette lettre ni trop admirer l'Auteur : je sais que des dieux tout s'obtient au prix d'un labeur. Vous vous demandez qui je suis et vous êtes surpris qu'un inconnu prenne la liberté de vous écrire, je vous dirai donc que je suis un homme qui, par amour de la vérité pure, s'efforce vers la science, dans cette vie brève et fragile, autant que la nature de l'esprit humain le permet. Il ne se propose, en recherchant la vérité, d'autre but que la vérité elle-même. Il veut, par la science, parvenir non aux honneurs et aux

1. Guillaume de Blyenbergh était courtier en grains à Dordrecht. Attiré par la spéculation philosophique, et ayant lu les *Principes de la philosophie de Descartes* publiés en 1663 par Spinoza, il prend l'initiative de cette correspondance, sans être connu de Spinoza. Blyenbergh composera après cette correspondance un ouvrage se voulant une réfutation de la pensée de l'auteur du *Traité théologico-politique* et de l'*Éthique.*

richesses, mais à la possession seule de la vérité qui en est en quelque sorte l'effet. Il ne trouve à aucune vérité, à aucune science un attrait comparable à celui de la métaphysique, au moins d'une de ses parties. Il met en elle tout le charme de sa vie et lui affecte ses heures de loisir. Nul, j'en suis convaincu, ne s'y est adonné avec autant de bonheur que vous et un zèle égal au vôtre, nul en conséquence n'est parvenu à ce degré de perfection que votre ouvrage me montre que vous avez atteint.

Sans tant de mots, l'homme que je suis, il vous sera loisible de le mieux connaître pour peu que vous consentiez à vous l'attacher de façon à ouvrir, à percer, si je puis dire, ses pensées.

Mais je reviens à votre Traité. Si j'y ai trouvé maintes choses délectables, il s'en est présenté quelques-unes aussi d'une digestion difficile et au sujet desquelles il y aurait quelque impertinence à un inconnu tel que moi à vous proposer des objections, d'autant plus que je ne sais si cela vous serait agréable. C'est pourquoi je commence par vous demander si je puis, en cas que, dans les soirées d'hiver, j'aie du temps de reste et que vous consentiez à répondre, vous soumettre quelques difficultés que je trouve encore dans votre livre. Sous cette condition toutefois que je ne vous empêche en rien de vous appliquer à une besogne plus nécessaire ou plus agréable, car, s'il y a une chose qui soit plus qu'aucune autre l'objet de mon désir, c'est que, suivant la promesse faite dans votre livre, vous donniez de vos opinions une exposition plus complète. J'aurais voulu vous dire cela de vive voix au lieu de vous l'écrire, mais j'ignore le lieu où vous demeurez et la maladie d'une part, mes occupations de l'autre, m'obligent à renvoyer cette visite à plus tard.

Pour que cette lettre cependant ne soit pas tout à fait vide et dans l'espoir que cette observation unique ne vous sera pas désagréable, je vous dirai que dans les *Principes* comme dans les *Pensées métaphysiques*, vous posez, soit en votre propre nom, soit au nom de Descartes dont vous exposez la doctrine, que c'est tout un de conserver et de créer (chose parfaitement claire de soi pour quiconque y réfléchit et qu'on peut tenir pour une notion première) et que Dieu n'a pas seulement créé les substances mais aussi le mouvement dans les substances, c'est-à-dire que Dieu ne maintient pas seulement par la création continue les substances dans leur état, mais aussi leur mouvement et leur tendance. Dieu n'est pas cause seulement en ce sens que l'âme prolonge son existence et persévère dans son état par une volonté et une opération immédiate de Dieu (peu importe le nom que vous choisissez) ; il l'est aussi en ce sens qu'il détermine les mouvements de l'âme. C'est-à-dire qu'à la cause qui fait que les choses prolongent leur existence, à savoir la création de Dieu, il faut aussi rapporter les tendances et les mouvements des choses puisque, en dehors de Dieu, il n'y a point de cause du mouvement. De là suit que Dieu n'est pas seulement cause de la substance de l'âme mais aussi, comme vous le posez en divers passages, de chaque tendance et de chaque mouvement de l'âme auquel nous donnons le nom de volonté. Et de cette proposition découle nécessairement ou bien qu'il ne peut y avoir rien de mauvais dans le mouvement ou la volonté de l'âme, ou bien que Dieu lui-même est cause immédiate de ce mal. Car toutes les actions que nous appelons mauvaises sont produites par le moyen de l'âme et conséquemment par l'influence immédiate de Dieu et avec son concours. Par exemple, l'âme d'Adam veut manger du fruit défendu ; ainsi qu'il apparaît par ce qui précède, ce n'est pas seulement à l'influence de Dieu qu'il faut attribuer l'existence d'une volonté dans Adam, il faut aussi lui attribuer que cette volonté se manifeste de telle façon déterminée ; si bien que Dieu n'étant pas seulement l'être à qui la volonté d'Adam doit d'exister, mais aussi celui à qui elle doit d'agir de telle façon déterminée, ou bien cet acte défendu d'Adam n'est pas mauvais en soi, ou bien il faut admettre que ce que nous appelons le mal est l'œuvre de Dieu lui-même. Ni vous, ni M. Descartes, ne me paraissez résoudre la difficulté en disant que le mal est un *non-être* auquel Dieu ne contribue en rien : d'où, en effet, la volonté de manger (du fruit défendu) ou celle des démons orgueilleux provient-elle ? Puisque la volonté (comme vous l'observez avec raison) ne diffère pas de l'âme elle-même, mais qu'elle est tel mouvement ou tel autre, c'est-à-dire la tendance de l'âme, le concours de Dieu lui sera nécessaire aussi bien pour tel mouvement que pour tel autre ; or le concours de Dieu ne consiste pas en autre chose, tel que vous le faites connaître dans vos écrits, qu'à déterminer une chose de telle façon ou de telle autre par sa volonté ; ainsi il y a concours de Dieu dans le cas d'une volonté mauvaise en tant qu'elle est mauvaise, comme dans le cas d'une volonté bonne en tant qu'elle est bonne. Car la volonté de Dieu qui est cause absolue de tout ce qui est, tant dans la substance que dans la tendance, semble être aussi la cause première de la volonté mauvaise en tant que mauvaise. De plus il n'y a point en nous de détermination de la volonté que Dieu n'ait connue de toute éternité : ce serait attribuer à Dieu une imperfection que d'admettre qu'il la puisse ignorer, mais comment la connaît-il sinon parce qu'elle fait partie de ses décrets ? Ce sont donc les décrets de Dieu qui sont cause de nos déterminations. Et de la sorte il suit ou bien qu'une volonté mauvaise n'est pas un mal, ou bien que Dieu est cause immédiate de ce mal et qu'il est son œuvre. Et la distinction que font les théologiens entre l'acte et le mal qui s'y attache n'est pas de mise ici, car Dieu a décrété aussi bien le caractère de l'acte que l'acte lui-même ; c'est-à-dire Dieu n'a pas seulement décrété qu'Adam mangerait, mais que nécessairement il mangerait contre l'ordre reçu. D'où il suit, une fois encore, que l'acte de manger d'Adam malgré l'ordre reçu, n'est pas un mal ou que ce mal est l'œuvre de Dieu.

Tels sont, Monsieur, pour le moment les points que je ne puis bien entendre dans votre Traité, car l'une et l'autre de ces hypothèses me paraissent également difficiles à accepter. J'attends de votre jugement perspicace et de votre habileté une réponse qui me donne satisfaction et j'espère vous montrer, par la suite, combien je vous en saurai gré. Veuillez croire Monsieur, que seul m'incite à demander cette réponse mon zèle pour la vérité ; je suis libre, je n'ai de lien avec aucune profession, je vis d'un commerce honorable, et j'emploie à ces recherches les loisirs qu'il me laisse. Je vous prie de ne pas prendre mon objection en mauvais gré et, si vous consentez à me répondre comme je le désire vivement, veuillez écrire à

GUILLAUME DE BLYENBERGH.
Dordrecht, le 12 décembre 1664.

Lettre 2

Spinoza à Blyenbergh

J'ai enfin reçu à Schiedam, le 26, votre lettre du 12 décembre contenue dans une autre qui est du 24 du même mois ; j'ai connu par elle que, dans votre amour de la vérité, vous la preniez pour objet unique de vos studieux efforts et, n'ayant moi-même d'autre souci dans l'âme, je n'ai pu faire autrement que de m'engager non seulement à satisfaire votre désir en répondant, selon mes forces, aux questions posées dans votre lettre et dans celles qui pourront suivre, mais à faire de mon mieux dans l'avenir pour resserrer nos relations et créer entre nous une amitié sincère. Pour ce qui me concerne, en effet, entre toutes les choses qui ne dépendent pas de moi, il n'en est aucune qui ait pour moi plus de prix qu'un lien d'amitié établi avec des hommes aimant sincèrement la vérité. Je le crois, en effet : parmi les objets qui ne sont pas en notre pouvoir, il n'en est pas au monde auxquels nous puissions nous attacher avec plus de tranquillité qu'à l'amitié de tels hommes ; pas plus qu'on ne peut abandonner la vérité une fois qu'on l'a perçue, des hommes ne peuvent cesser de s'aimer l'un l'autre, quand l'amitié qu'ils se portent, se fonde sur leur commune ardeur à connaître la vérité. Une amitié de cette nature n'est-elle pas d'ailleurs entre toutes les choses qui ne dépendent pas de nous, ce qu'il y a de plus haut et de plus aimable ? Et la vérité n'est-elle pas ce qui peut rapprocher les opinions et unir étroitement les âmes ?

Je ne dirai rien de plus des avantages très considérables qui en découlent, pour ne pas m'attarder à un sujet que certainement vous connaissez fort bien et, si j'ai cru devoir en toucher un mot dans les lignes qui précèdent, c'est pour mieux marquer à quel point il me sera doux, aussi dans l'avenir, de profiter de toute occasion pour vous servir.

Je vais donc, pour commencer, répondre à votre question qui se rapporte essentiellement au point que voici : il semble résulter clairement de la Providence de Dieu, laquelle ne diffère en rien de sa volonté, et aussi bien du concours qu'il prête au monde et de la création continue par lui de toutes choses, que le mal ou le péché ne peuvent exister ou que Dieu lui-même en est l'auteur. Mais vous n'expliquez pas ce que vous entendez par le mal, et, dans la mesure où il est possible de le conclure de l'exemple que vous donnez : une certaine volonté déterminée d'Adam, vous semblez avoir en vue, quand vous parlez du mal, la volonté elle-même en tant qu'elle est conçue comme déterminée de telle ou telle façon ou est contraire au commandement de Dieu ; c'est pourquoi vous dites (j'en dirais autant si je posais le problème de la même façon) que c'est une grande absurdité d'affirmer soit que Dieu lui-même agit contrairement à sa propre volonté, soit que des actions puissent être bonnes bien que contraires à la volonté de Dieu. Pour moi, je ne puis accorder que le mal et le péché soient rien de positif, et encore bien moins que quoi que ce soit puisse être ou arriver contre la volonté de Dieu. Je ne dis pas seulement que le péché n'est rien de positif, j'affirme qu'on parle improprement et d'une façon tout humaine quand on dit que nous péchons envers Dieu ou que les hommes peuvent offenser Dieu. Pour ce qui touche le premier point, nous savons en effet que toute chose existante, considérée en elle-même et non relativement à quelque autre, enveloppe une perfection ayant exactement les mêmes limites que son essence, car essence et perfection, c'est tout un. Je suppose par exemple la décision prise par Adam ou la volonté particulière qu'il a eue de manger du fruit défendu ; cette décision considérée en elle-même enveloppe autant de perfection qu'il y a de réalité exprimée par elle ; et cela se connaît par cette considération que nous ne pouvons concevoir dans un objet aucune imperfection, sinon quand nous le comparons à quelque autre ayant plus de réalité. Par suite nous ne pouvons trouver aucune imperfection dans la décision prise par Adam aussi longtemps que nous la considérons en elle-même sans la comparer à d'autres décisions plus parfaites et témoignant d'un état plus parfait. On peut même comparer Adam à une infinité d'autres objets tels que des pierres ou des troncs d'arbres, qui seraient beaucoup plus parfaits eu égard à cette décision si elle se rencontrait en eux. Et cela, tout le monde l'accordera, car tout le monde voit avec admiration, dans les animaux, des manières d'être et d'agir qu'il réprouve dans les hommes : telles les guerres auxquelles se livrent les abeilles, la jalousie des pigeons, etc. ; méprisables dans l'humanité, ce sont là choses qui nous paraissent ajouter à la perfection des animaux. Cela étant, il suit clairement que le péché, n'ayant rien en lui que des marques d'imperfection, ne peut exprimer aucune réalité et tel est le cas pour la décision prise par Adam et sa mise à exécution.

De plus, nous ne devons pas dire que la volonté d'Adam est contraire à la Loi de Dieu et qu'elle est un mal parce qu'elle déplaît à Dieu : admettre que quelque chose puisse arriver contre la volonté de Dieu, qu'ayant un désir il n'ait pas le pouvoir de le satisfaire et que sa nature, comme celle d'un être créé, le porte à éprouver de la sympathie pour certains modes et de l'antipathie pour d'autres, outre que ce serait attribuer à Dieu une grande imperfection, cela est en contradiction absolue avec la nature de la volonté divine. Cette volonté, en effet, ne différant en rien de son entendement, il est aussi impossible qu'un événement quelconque arrive contrairement à sa volonté, qu'il l'est de concevoir un objet réel en désaccord avec son entendement ; tel un cercle carré. Puis donc que la volonté ou la décision d'Adam, considérée en elle-même, n'est pas un mal, et à parler proprement ne va pas contre la volonté de Dieu, Dieu peut en être cause ou plutôt, pour la raison même que vous avez aperçue, il doit en être cause. Non certes en tant que cette décision est mauvaise, mais le mal qui est en elle n'est pas autre chose que la privation d'un état qu'à cause d'elle Adam a dû perdre. Et il est certain qu'une privation n'est rien de positif et que le nom même dont nous l'appelons n'a de sens qu'au regard de notre entendement, non au regard de l'entendement divin. Cette appellation a pour origine l'habitude où nous sommes de joindre ensemble tous les individus du même genre, par exemple tous ceux qui ont la forme extérieure de l'homme, de donner de ce genre une définition que nous croyons convenir à tous et de juger ensuite que tous sont également aptes à la perfection la plus haute que nous puissions déduire de cette définition. Quand nous en trouvons un dont les œuvres sont en désaccord avec cette perfection, nous disons qu'il en est privé et qu'il s'écarte de sa nature ; nous ne le ferions pas si nous n'avions commencé par le comprendre dans cette définition et ne lui attribuions pas arbitrairement une nature conforme à elle. Mais Dieu ne connaît pas les choses abstraitement, il ne forme pas d'elles des définitions générales et n'exige pas d'elles plus de réalité que l'entendement divin et la puissance divine ne leur en a réellement accordé ; d'où cette conséquence manifeste que la privation dont nous parlions tout à l'heure n'existe que pour notre entendement et non au regard de Dieu. De la sorte, à ce qu'il me semble, le problème qui vous arrêtait, est entièrement résolu. Pour vous aplanir davantage la voie cependant, et vous ôter tout scrupule, je crois nécessaire de répondre aux deux questions suivantes : 1° Pourquoi l'Écriture Sainte dit-elle que Dieu souhaite la conversion du pécheur et pourquoi a-t-il interdit à Adam de manger du fruit de l'arbre, alors que par décret divin Adam devait nécessairement en manger ? 2° Comment concevoir qu'ainsi qu'il paraît suivre des propositions avancées par moi, l'orgueilleux, l'avare, le désespéré honorent Dieu tout de même que le généreux, le patient, le charitable ?

Sur le premier point, je réponds que l'Écriture use constamment d'un langage tout anthropomorphique, convenant au vulgaire auquel elle est destinée ; ce vulgaire est incapable de percevoir les vérités un peu hautes. C'est pourquoi, j'en suis persuadé, toutes les règles de vie, dont Dieu a révélé aux Prophètes que l'observation était nécessaire au salut, ont pris la forme de lois, et, pour la même raison, les Prophètes ont forgé des paraboles. En premier lieu, en effet, ils ont présenté comme exprimant la volonté d'un Roi et d'un Législateur, les moyens de salut et de perdition révélés par Dieu et dont il était cause ; ils ont appelé lois ces moyens de salut qui ne sont rien que des causes et les ont transformés en lois ; ils ont donné le caractère de récompense et de châtiment au salut et à la perdition qui ne sont autre chose que les effets découlant nécessairement de ces mêmes causes. Ils ont accommodé leur langage à cette histoire ou parabole plutôt qu'à la vérité et, en beaucoup d'occasions, prêté à Dieu les passions de l'homme, tantôt la colère, tantôt la miséricorde, parfois le désir de ce qui n'est pas encore, parfois la jalousie et le soupçon ; ils ont même cru que Dieu pouvait être induit en erreur par le Diable. Les philosophes, en conséquence, et tous ceux qui sont au-dessus de la loi, c'est-à-dire pratiquent la vertu par amour pour elle, parce qu'elle est ce qu'il y a de meilleur et non parce que la loi l'ordonne, ne doivent pas être choqués par ce langage.

L'interdiction du fruit de l'arbre consistait donc seulement dans la révélation faite par Dieu à Adam des conséquences mortelles qu'aurait l'ingestion de ce fruit ; c'est ainsi que nous savons par la lumière naturelle qu'un poison donne la mort. Me demanderez-vous en vue de quelle fin Dieu lui a fait cette révélation ? Je réponds : pour augmenter sa connaissance et par cela même sa perfection. Demander à Dieu pourquoi il ne lui a pas donné en même temps une volonté plus parfaite, ce serait aussi absurde que de demander pourquoi il n'a pas accordé au cercle toutes les propriétés de la sphère ; ainsi qu'il suit clairement des considérations qui précèdent, et que j'ai démontrées dans la première partie des *Principes de la philosophie de Descartes démontrés géométriquement* (scolie de la prop. 15).

Quant à la deuxième difficulté, il est vrai sans doute que les méchants expriment à leur manière la volonté de Dieu, ils ne sont cependant pas pour cela à comparer avec les bons : plus une chose a de perfection, en effet, plus elle participe de la divinité et plus elle exprime la perfection de Dieu. Puis donc que les bons ont incomparablement plus de perfection que les méchants, leur vertu ne peut se comparer à celle des méchants, car les méchants n'ont pas l'amour de Dieu qui découle de la connaissance de Dieu et par lequel, seul, suivant notre entendement humain, nous sommes dits serviteurs de Dieu. Bien plus, comme ils ne connaissent pas Dieu, ils ne sont qu'un instrument dans la main du divin ouvrier, et un instrument qui sert à son insu et se détruit en servant, tandis que les bons servent en le sachant et se rendent plus parfaits en servant.

Voilà, Monsieur, ce que, pour le moment, je puis répondre à votre question ; tout mon désir est que cette réponse vous satisfasse. Si cependant vous y trouviez encore quelque difficulté, je voudrais en être instruit, afin de voir si je puis la lever. Vous n'avez pas à craindre de m'importuner aussi longtemps que vous ne serez point satisfait, rien ne m'étant plus agréable que les raisonnements par lesquels on rend la vérité saisissable. Je voudrais toutefois pouvoir user, en vous écrivant, du langage que mon éducation m'a rendu familier parce que je pourrais ainsi mieux exprimer ma pensée. Je vous prie d'excuser les fautes contenues dans la présente lettre, de vouloir bien les corriger vous-même et me tenir pour votre dévoué ami et serviteur.

B. DE SPINOZA.

Lange Bogart, le 3 janvier 1665.

Je dois rester encore trois à quatre semaines en cet endroit (à Schiedam), après quoi je compte aller à Voorburg. Je pense recevoir une réponse de vous auparavant, mais si vos occupations vous retenaient veuillez m'écrire à Voorburg à l'adresse suivante : ruelle de l'Église, maison de maître Daniel Tydeman peintre.

Lettre 3

Blyenbergh à Spinoza

Monsieur et cher ami,

Tout d'abord, quand j'ai reçu votre lettre, je me suis senti disposé, après une lecture rapide, non seulement à répondre sur-le-champ, mais aussi à réfuter une grande partie de son contenu. Mais plus je l'ai méditée, moins j'y ai trouvé de matière à objections et le plaisir que je prenais à la lire n'était pas moindre que le désir que j'en avais eu. Avant cependant que je vous demande, comme c'est mon intention, la solution de quelques difficultés, il faut que vous sachiez que je m'applique toujours, en philosophant, à suivre deux règles générales : la première est le concept clair et distinct de mon entendement, la deuxième est la parole révélée de Dieu ou la volonté de Dieu. Par l'observation de la première règle, je m'efforce d'être un ami de la vérité ; par l'une et l'autre, un philosophe chrétien, et s'il arrivait, après un long examen, que la connaissance naturelle me parût être en conflit avec le Verbe divin, ou ne pas bien s'accorder avec lui, la parole de Dieu a sur mon âme une autorité telle que les concepts que je crois clairs me deviendraient suspects, plutôt que je ne consente à les opposer à la vérité que je pense m'être prescrite dans le livre, ou à les mettre au-dessus d'elle. Quoi d'étonnant, puisque je veux croire fermement que cette parole est la parole de Dieu, c'est-à-dire qu'elle est provenue d'un Dieu suprême et tout parfait qui comprend plus de perfection que je ne puis en avoir l'idée et, peut-être, a voulu affirmer de lui-même et de ses œuvres plus de perfections que je ne puis en percevoir en ce moment, je dis : en ce moment présent, avec mon entendement fini. Il peut se faire, en effet, que je me prive, par mes œuvres, d'une perfection plus grande, et, par suite, si j'étais doué de cette perfection dont me privent mes propres actions je pourrais percevoir que tout ce qui nous est proposé et enseigné dans ce Verbe s'accorde avec les concepts les plus sains de mon esprit. Mais je me soupçonne de me priver moi-même, par mon erreur prolongée, d'une condition meilleure, et, comme vous le dites (Partie I, Prop. 15), notre connaissance, même quand elle est le plus claire, enferme encore de l'imperfection ; je m'incline donc de préférence, même sans raison, vers ce Verbe, m'appuyant sur ce fondement qui est venu de l'être le plus parfait (cela je le présuppose, mais la démonstration en serait trop longue pour trouver place ici) et doit pour cela obtenir ma créance. Si maintenant je portais un jugement sur votre lettre en me guidant sur ma première règle seulement, comme si la seconde n'existait pas ou que je ne la connusse pas, je devrais vous accorder beaucoup de points, et je devrais admettre, je l'accorde aussi, vos idées subtiles. Ma deuxième règle, en revanche, m'oblige à me séparer de vous. Mais, autant qu'on le peut dans une lettre, je veux examiner plus amplement ces idées en ayant égard à la fois à l'une et à l'autre des deux règles.

En premier lieu, puisque, d'après votre deuxième proposition, créer et conserver sont une seule et même chose et puisque Dieu ne fait pas seulement que les choses se conservent mais aussi que les mouvements et les modes persévèrent dans leur état, c'est-à-dire leur prête son concours, je me demande, suivant la première des deux règles, s'il ne semblait pas suivre de là que le mal n'existe pas ou que Dieu lui-même en est l'auteur ; c'est la conclusion à laquelle on est conduit en s'appuyant sur ce principe que rien ne peut arriver contre la volonté de Dieu, sans quoi il y aurait en lui de l'imperfection ; en d'autres termes les choses dont Dieu est l'auteur peuvent aussi être mauvaises (puisque celles que nous appelons mauvaises y sont comprises). Mais cette conclusion, elle aussi, implique contradiction et comme je ne pouvais, de quelque côté que je voulusse me tourner, me libérer de l'obligation de me contredire, je me suis adressé à vous comme au meilleur interprète de vos propres idées. Dans votre réponse vous dites persister dans votre opinion sur le premier point, à savoir que rien n'arrive et ne peut arriver contre la volonté de Dieu ; quant à cette difficulté qu'il s'agirait de lever : Dieu est-il donc l'auteur du mal ? vous niez que *le péché soit rien de positif* et vous ajoutez qu'*il ne peut se dire que très improprement que nous péchons contre Dieu*. Dans la première partie de l'Appendice, chapitre 6, vous dites aussi qu'*il n'y a pas de mal absolu, comme il est de soi manifeste. Car tout ce qui existe, considéré en soi même, en dehors de toute relation à un autre objet, enveloppe une perfection qui en toute chose s'étend jusqu'où s'étend l'essence de la chose, et par suite il est évident que les péchés, puisqu'ils n'expriment rien qu'une imperfection, ne peuvent consister en quoi que ce soit qui exprime une essence.* Si le péché, le mal, l'erreur, de quelque nom que vous l'appeliez, n'est rien d'autre que la perte ou la privation d'un état plus parfait, il semble suivre de là qu'à la vérité l'existence n'est pas un mal ni une imperfection, mais qu'un mal peut prendre naissance dans une chose existante. Car le parfait n'est pas privé d'un état plus parfait par une action également parfaite, mais bien par ce fait que nous inclinons vers un état d'imperfection en usant mal des forces qui nous ont été accordées. Vous semblez appeler cela *non un mal mais un état de moindre bien, parce que les choses considérées en elles-mêmes enferment une perfection et qu'aux choses*, comme vous dites, *n'appartient pas plus d'essence que l'entendement divin et la puissance divine ne leur en a accordé et ne leur en confère réellement, et que, par suite, elles ne peuvent aussi dans leurs actions montrer plus d'exis-*

tence qu'elles n'ont reçu d'essence. Si, en effet, je ne puis produire d'œuvres qu'en proportion de l'essence que j'ai reçue, ni plus ni moins, on ne peut imaginer aucune privation d'un état plus parfait : si rien n'arrive contre la volonté de Dieu et si, en chaque être, rien ne peut arriver qu'à proportion de l'essence qui lui a été conférée, comment concevoir le mal que vous affirmez être la privation d'une condition meilleure ? Comment un être peut-il perdre un état plus parfait par une œuvre qu'il était dans sa nature, telle qu'elle a été établie, de produire nécessairement ? Je me persuade en conséquence, Monsieur, qu'il faut décider ou bien qu'il y a un mal, ou bien qu'il ne peut y avoir de privation d'un état meilleur. Car il me paraît y avoir contradiction à ce que le mal n'existe pas et que l'on soit privé d'une condition meilleure.

Mais, direz-vous, par la privation d'un état plus parfait nous tombons dans un moindre bien, non dans un mal absolu. Vous m'avez enseigné cependant (Appendice, partie I, chapitre 3) qu'il ne fallait pas discuter sur les mots. Je ne discute donc pas sur le point de savoir si l'on doit parler d'un mal absolu ou non, je demanderai seulement si, oui ou non, quand nous tombons d'un état meilleur dans un pire, on dit avec raison, et on doit dire, que notre état est pire ou est un état mauvais. Objecterez-vous que cet état contient encore beaucoup de bon ? Je vous demanderai si cet homme, qui par son imprudence est cause qu'il a été privé d'un état plus parfait et par suite est inférieur à ce qu'il a été auparavant, peut être appelé mauvais.

Ce raisonnement n'étant pas sans contenir à vos yeux quelques difficultés, vous le rejetez et affirmez *qu'il y a bien un mal, qu'il y en a eu dans Adam, mais que ce mal n'est rien de positif* et *ne peut être appelé mal qu'au regard de notre entendement, non au regard de celui de Dieu, et qu'au regard de notre entendement il est une privation (en tant seulement que nous nous privons nous-mêmes par lui de la liberté la meilleure qui puisse appartenir à notre nature et soit en notre pouvoir), qu'au regard de Dieu il est une négation.* Examinons donc si ce que vous appelez mal, et qui ne serait un mal qu'au regard de notre entendement, ne serait pas un mal véritable; en second lieu si l'on doit dire que le mal, entendu comme il l'est par vous, peut être appelé une négation seulement, au regard de Dieu. À la première question, je crois avoir répondu plus haut en quelque manière. Sans doute j'accorderai que le fait d'être moins parfait qu'un autre être ne peut mettre en moi un mal, car je ne puis exiger du Créateur un état meilleur, et cela a seulement pour effet que mon état est inférieur d'un certain degré. Mais je ne pourrai accorder que, si je deviens plus imparfait que je n'étais auparavant, cette imperfection étant produite par ma faute, je ne serai pas devenu pire dans la mesure où je serai moins parfait. Si je me considère, dirai-je, tel que j'étais avant d'être tombé dans cette imperfection et que, dans cet état, je me compare à d'autres doués d'une perfection plus grande, cette perfection que je possède ne sera pas un mal mais un bien moindre en degré. En revanche, si je compare ce que je suis devenu après avoir déchu de ma perfection première, et, par ma propre faute, m'en être privé, à ce que j'étais dans ma forme première, quand je suis sorti des mains du Créateur, je dois juger que je suis pire qu'auparavant: ce n'est pas le Créateur qui m'a réduit à cette condition, c'est moi-même qui m'y suis réduit, car les forces nécessaires pour me préserver de l'erreur je les avais, vous-même le reconnaissez.

Quant à la deuxième question, il s'agit de savoir si le mal que vous déclarez exister dans la privation d'un état meilleur, et que non seulement Adam, mais nous tous, avons perdu par une action soudaine et contraire à l'ordre, il s'agit, dis-je, de savoir si ce mal est au regard de Dieu une simple *négation*. Pour examiner ce point d'un esprit sain, il nous faut voir comment vous concevez l'homme, comment vous le faites dépendre de Dieu avant toute faute, et comment vous le concevez après la faute. Avant la faute il ne peut, suivant votre définition, posséder plus d'essence que l'entendement divin et la puissance divine ne lui en ont attribué et réellement conféré, c'est-à-dire (si je comprends votre pensée) que l'homme ne peut avoir de perfection qu'à proportion de l'essence que Dieu a mise en lui, ni plus ni moins. Cela revient à faire l'homme dépendant de Dieu de la même façon que les éléments, les pierres, les herbes, etc. Mais si telle est votre opinion, je ne perçois pas ce que signifient ces mots des Principes, proposition 15 : *La volonté étant libre de se déterminer, il suit de là que nous avons le pouvoir de contenir notre faculté d'affirmer dans les limites de l'entendement, et en conséquence de faire que nous ne tombions pas dans l'erreur.* Ne semble-t-il pas y avoir contradiction à ce que la volonté soit libre au point qu'elle puisse se préserver de l'erreur, et en même temps de la faire dépendante de Dieu de façon qu'elle ne puisse manifester de perfection qu'à proportion de l'essence que Dieu lui a donnée ? Pour ce qui est maintenant de l'homme après la faute, comment le concevez-vous ? [...] Si comme j'ai montré ci-dessus que vous l'affirmez, je dépends de Dieu de telle façon que je ne puisse faire acte de volonté ni dans les limites de l'entendement ni au-delà de ces limites qu'à proportion de l'essence qui m'a été accordée par Dieu, et qu'autant que sa volonté en aura ainsi décidé, comment, si l'on y pense, pourrai-je jamais user de la liberté de ma volonté ? Ne semble-t-il pas y avoir contradiction à ce que Dieu nous prescrive l'ordre de contenir notre volonté dans les limites de notre entendement et ne nous donne pas l'essence ou la perfection qu'il nous faudrait avoir pour observer cet ordre ? Et si, conformément à votre opinion, il nous avait donné cette quantité de perfection, nous ne pourrions jamais tomber dans l'erreur, car, autant nous possédons d'essence, autant il nous faut manifester de perfection et toujours nous étalons dans nos œuvres les forces qui nous ont été accordées. Or nos erreurs sont une preuve que nous ne possédons pas, dépendante de Dieu (comme vous le déclarez), une puissance de telle sorte, et alors de deux choses l'une, ou bien nous ne dépendons pas de Dieu au point que vous le dites, ou bien nous n'avons pas le pouvoir de nous défendre de l'erreur. Or, suivant votre déclaration, nous avons le pouvoir de nous défendre de l'erreur. Donc nous ne sommes pas si dépendants de Dieu.

De ce qui précède, il suit déjà clairement qu'il est impossible que le mal, ou le fait d'être privé d'un état meilleur, soit au regard de Dieu une simple négation. Que signifie, en effet, ce terme de privation, de perte d'un état plus parfait ? N'est-ce pas passer d'une perfection plus grande à une moindre et en conséquence d'une essence supérieure à une inférieure ? [...]

Il me paraît impossible que Dieu ait connaissance de l'acte, le détermine, lui prête son concours et ignore cependant le mal qui s'y trouve contenu et les conséquences qu'il aura. Considérez avec moi que Dieu me prête son concours dans l'acte par lequel je procrée avec ma femme ; c'est là quelque chose de positif et dont Dieu a par suite une connaissance claire. Mais lorsque j'accomplis ce même acte d'une façon abusive, quand je l'accomplis avec la femme d'un autre, contrairement à la foi jurée et à mon serment, alors il y a du mal dans cet acte. Qu'y a-t-il de négatif au regard de Dieu ? Ce n'est point l'acte de procréer : en tant qu'il est quelque chose de positif, Dieu y prête son concours. Le mal qui est lié à cet acte doit donc consister seulement en ce que je m'unis, contrairement à un engagement pris par moi ou à une prescription divine, avec une femme étrangère avec qui cet acte n'est pas licite. Mais peut-on concevoir que Dieu connaisse nos actions, leur prête son concours et cependant ignore avec qui nous les accomplissons ? d'autant plus que Dieu prête aussi son concours à l'action de cette femme avec qui je fais l'acte. Il paraît difficile de se faire de Dieu une telle opinion. Considérons encore l'acte de tuer ; en tant que c'est un acte positif, Dieu y prête son concours : mais se peut-il qu'il ignore l'effet d'un tel acte, à savoir la destruction d'un être et la dissolution d'une créature de Dieu ? Ce serait supposer Dieu ignorant son propre ouvrage (je crains de ne pas bien comprendre votre pensée, vous avez trop de perspicacité pour commettre une erreur aussi grossière). Peut-être répliquerez-vous que ces actes, tels que je les suppose, sont bons purement et simplement et que nul mal n'y est attaché ; mais s'il en est ainsi, je ne puis concevoir ce que vous appelez un mal qui soit la privation d'une condition plus parfaite. Et alors le monde devrait être dans une confusion éternelle et perpétuelle et nous deviendrions semblables aux bêtes. Voyez, je vous prie, de quelle utilité cette manière de voir serait pour le monde.

Vous rejetez la définition vulgaire de l'homme et accordez à chaque homme autant de perfection que Dieu lui a donné d'essence pour qu'il agît. Mais, de cette façon, vous me semblez admettre que les impies honorent Dieu par leurs œuvres autant que les pieux. Pourquoi ? Parce que les uns et les autres ne peuvent produire des œuvres plus parfaites que celles qui correspondent à la quantité d'essence qui leur a été donnée et qu'ils manifestent par leur façon d'agir. Vous ne me semblez pas non plus répondre à ma question dans votre deuxième réponse, quand vous dites : *Plus une chose a de perfection, plus aussi elle participe de la divinité et plus elle exprime la perfection de Dieu. Puis donc que les bons ont incomparablement plus de perfection que les méchants, leur vertu ne peut se comparer à la vertu des méchants. Les méchants, parce qu'ils ne connaissent pas Dieu, ne sont rien qu'un instrument dans la main d'un artisan, instrument qui sert sans le savoir et se détruit en servant ; les bons, au contraire, servent en le sachant et deviennent plus parfaits en servant.* Des uns comme des autres cependant il est vrai qu'ils ne peuvent faire plus, car, dans la mesure où l'emporte l'un par ses œuvres, il a reçu plus d'essence que l'autre. Les impies, avec leur perfection réduite, n'honorent-ils donc pas Dieu autant que les pieux ? Suivant votre opinion, en effet, Dieu ne demande aux impies rien de plus que ce qu'ils donnent ; sans quoi il aurait dû leur conférer plus d'essence, mais, comme on le voit par leurs actes, il ne leur a pas donné plus d'essence. Il ne leur demande donc rien de plus. Et si chacun à sa manière agit comme Dieu le veut, ni plus ni moins, comment celui dont l'œuvre est petite, telle cependant que Dieu l'exige de lui, ne serait-il pas agréable à Dieu autant que le bon ? De même, en outre, que nous perdons, suivant vous, par notre imprudence, en raison du mal attaché à l'acte, un état plus parfait, de même aussi vous semblez admettre qu'en contenant notre volonté dans les limites de l'entendement, nous ne restons pas seulement aussi parfaits que nous l'étions, mais nous nous rendons plus parfaits en servant, ce qui me paraît envelopper une contradiction : si nous sommes dépendants de Dieu de telle sorte que nous ne puissions produire de perfection qu'à proportion de l'essence que nous avons reçue, ni plus ni moins, c'est-à-dire si nous ne pouvons avoir d'autre perfection que celle que Dieu a voulu que nous eussions, comment pourrions-nous devenir pires par notre imprudence, meilleurs par notre prudence ? Je conclus de là que si l'homme est tel que vous le dites, cela revient à déclarer que les impies honorent Dieu par leurs œuvres autant que les pieux ; et ainsi nous devenons dépendants de Dieu de la même façon que les éléments, les végétaux, les pierres, etc. À quoi servira donc notre entendement ? Pour quelle raison un certain ordre nous a-t-il été prescrit ? Et voyez, je vous prie, de quoi cela nous prive, je veux dire d'un travail anxieux et sérieux pour nous rendre parfaits suivant la règle de la perfection divine et l'ordre qui nous a été prescrit ; nous nous privons de la prière et des soupirs vers Dieu, par lesquels nous avons si souvent perçu que nous recevions une consolation extraordinaire ; nous nous privons de toute la religion, et de tout cet espoir, de tout cet apaisement, de tout ce que nous attendons des prières et de la religion. Si Dieu, en effet, n'a aucune connaissance du mal, il est beaucoup moins croyable qu'il doive punir le mal. Quelles raisons subsistent donc qui me retiennent de commettre avidement des crimes quelconques, pourvu que j'échappe au juge ? Pourquoi n'acquerrais-je pas des richesses par des moyens détestables ? Pourquoi ne pas faire indistinctement, suivant l'impulsion de la chair, tout ce dont j'aurai envie ? La vertu, direz-vous, doit être aimée pour elle-même. Mais comment puis-je aimer la vertu ? Je n'ai pas reçu en partage une si grande quantité d'essence et de perfection. Et s'il m'est possible de retirer autant d'apaisement de telle manière d'agir que de telle autre, pourquoi employer ma force à contenir ma volonté dans les limites de l'entendement ? Pourquoi n'agirai-je pas suivant mon inclination ? Pourquoi ne tuerai-je pas secrètement un homme qui m'est contraire ? Voilà quelle facilité nous donnerions à tous les impies et à l'impiété ; nous nous rendons semblables à des troncs et toutes nos actions pareilles au mouvement des horloges. Pour les raisons qui précèdent il me paraît difficile d'admettre que l'on puisse dire d'une façon impropre seulement que nous péchons envers Dieu. Que signifierait, en effet, le pouvoir qui nous a été donné de contenir la volonté dans les limites de l'entendement, de façon qu'allant au-delà nous péchions contre l'ordre ? [...]

Je terminerai ainsi mon examen de votre lettre suivant ma première règle. Avant de passer à l'examen, suivant la deuxième, je vous ferai encore deux observations qui concernent votre lettre et ce que vous avez écrit dans les Principes, partie I, proposition 15. En premier lieu *vous affirmez que nous pouvons contenir notre pouvoir de vouloir et de juger dans les limites de l'entendement.* Je ne puis absolument l'accorder. Si cela était vrai, certes, parmi la foule innombrable des hommes, il s'en trouverait bien un qui se montrerait doué de ce pouvoir. Que n'importe qui en fasse l'expérience sur lui-même, quelque force qu'il y dépensera il ne pourra atteindre ce but. Et, s'il en doute, qu'il examine lui-même, qu'il considère combien de fois, malgré l'entendement, les passions triomphent de la raison, même quand il résiste de toutes ses forces. Direz-vous que cette infirmité provient non de ce que cela nous est impossible, mais de ce que nous ne nous y appliquons pas avec assez de zèle ? Je réponds que, si cela était possible, on trouverait bien un homme parmi tant de milliers. Mais il n'en a existé ni n'en existe un seul qui oserait se vanter de ne pas être tombé dans l'erreur. Quelles raisons plus fortes que les faits eux-mêmes peut-on donner de cela ? S'il y avait quelques êtres capables de ne pas tomber, il y en aurait un ; mais il n'y en a aucun, nulle part. Vous insisterez et direz : s'il peut arriver que je suspende mon jugement une seule fois et que, contenant la volonté dans les limites de l'entendement, je fasse en sorte une seule fois de ne pas tomber dans l'erreur, pourquoi, en usant de la même application, ne le pourrais-je pas toujours ? Je réponds que je ne puis voir que nous ayons aujourd'hui des forces suffisantes pour persévérer toujours dans cette application : il est possible qu'une fois, en tendant toutes mes forces, je parcoure deux lieues en une heure mais je ne puis le faire constamment. De même je puis, avec une très grande application, me préserver une fois de l'erreur ; mais les forces me manquent pour y parvenir toujours. Il me paraît clair que le premier homme, sortant des mains du parfait artisan, possédait ces forces, mais (en ce point je pense comme vous) ne se servant pas assez de ses forces ou en abusant, il a perdu cet état de perfection qui lui permettait, si tel avait été son choix, de ne pas tomber. Je pourrais appuyer cela de nombreuses raisons si je ne craignais d'en dire trop. Et en cette affaire est contenue, je pense, toute l'essence de l'Écriture Sainte qui doit être tenue en honneur parmi nous, parce qu'elle enseigne ce que notre entendement confirme si clairement par sa lumière naturelle : que la chute qui nous a fait perdre notre perfection première est un effet de notre imprudence. Quoi donc de plus nécessaire qu'une restauration qui nous relève de cette chute ? Et l'objet unique de l'Écriture Sainte est de ramener à Dieu l'homme tombé.

Le deuxième point est ce que vous affirmez dans les *Principes*, partie I, proposition 13 : *Il est contraire à la nature humaine de connaître les choses clairement, distinctement*, d'où vous concluez qu'il vaut beaucoup mieux donner son assentiment *aux choses, fussent-elles confuses, et user ainsi de sa liberté, que de demeurer toujours dans l'indifférence qui est le plus bas degré de la liberté*. L'obscurité qu'il y a dans mon esprit au sujet de cette conclusion m'empêche de l'admettre, car la suspension du jugement nous maintient dans l'état établi par le Créateur, tandis que donner son assentiment aux choses confusément, c'est juger sur ce que l'entendement ne conçoit pas et donc donner son assentiment aussi bien au faux qu'au vrai. Et si (comme l'enseigne quelque part M. Descartes) nous ne suivons pas dans nos jugements l'ordre que Dieu a voulu qui réglât les rapports de la volonté avec l'entendement, à savoir que nous ne tenions rien pour vrai que ce qui est perçu clairement, alors même que nous tombons juste par accident, nous ne laissons pas de pécher, parce que nous n'étreignons pas le vrai suivant l'ordre que Dieu a établi ; en conséquence, tandis que la rétention du jugement nous maintient dans l'état où Dieu nous a placés en nous créant, un jugement confus rend notre état pire, puisqu'un jugement de cette sorte est le principe de l'erreur par laquelle nous perdons ensuite notre état parfait. [...]

Si j'examine votre lettre, en ce qui concerne ces mêmes points, suivant ma deuxième règle générale, le désaccord entre nous va s'aggraver. Il me paraît, (si je me trompe, faites-le-moi voir), que vous n'assignez pas à l'Écriture Sainte cette vérité infaillible et divine que je suis persuadé qu'il y a en elle. Vous dites croire que Dieu a révélé les choses aux Prophètes de l'Écriture Sainte mais d'une façon tellement imparfaite que, s'il en était comme vous le dites, cela impliquerait en Dieu une contradiction. Si Dieu a, en effet, manifesté aux hommes son Verbe et sa volonté, c'est en vue d'une fin déterminée et avec clarté. Si maintenant les Prophètes avaient forgé une parabole de ce Verbe reçu par eux, ou bien c'eût été par la volonté de Dieu ou contre sa volonté. Si c'était par la volonté de Dieu, l'erreur commise par les Prophètes en forgeant une parabole, c'est-à-dire en travestissant leur propre pensée, aurait donc Dieu lui-même pour cause et ainsi il aurait une volonté dirigée contre lui-même. Si maintenant Dieu ne l'avait pas voulu, il était impossible que les Prophètes forgeassent une parabole. Il est à croire, en outre, si l'on admet que Dieu a communiqué son Verbe aux Prophètes, qu'il l'a fait en telle sorte qu'ils ne pussent, en le recevant, commettre d'erreur ; car Dieu dans sa révélation devait se proposer une certaine fin, mais il ne peut se proposer pour fin d'induire les hommes en erreur, car cela serait en Dieu une contradiction. L'homme de son côté ne pouvait commettre une erreur malgré la volonté contraire de Dieu, cela ne se peut suivant vous. Outre toutes ces raisons, on ne peut croire de ce Dieu tout parfait, qu'il ait permis qu'à ce Verbe, communiqué aux Prophètes pour être expliqué au peuple, un sens autre que celui que Dieu avait voulu fût donné par les Prophètes. Si nous admettons, en effet, que Dieu a communiqué son Verbe aux Prophètes, nous affirmons en même temps que Dieu est apparu aux Prophètes d'une manière extraordinaire ou leur a parlé. Si, sur ce Verbe communiqué, les Prophètes forgent une parabole, c'est-à-dire qu'ayant mission de le transmettre ils lui donnent un sens autre que celui que Dieu a voulu, il faut que ce soit pour se conformer à des instructions données par Dieu. Aussi bien relativement aux Prophètes que relativement à Dieu il est impossible qu'ils aient eu dans l'esprit un sens autre que celui que Dieu a voulu qu'ils aient.

Que Dieu ait révélé son Verbe de la façon que vous prétendez, vous ne le prouvez guère, je veux dire que vous ne prouvez pas qu'il ait seulement révélé le salut et la perdition, qu'il ait établi par son décret des moyens certains d'y parvenir et que le salut et la perdition ne soient autre chose que des effets de ce moyen. Si, en effet, les Prophètes avaient reçu le Verbe dans le sens que vous prétendez, quelles raisons auraient-ils eues de lui attribuer un sens différent ? Mais vous ne donnez aucune preuve qui puisse nous persuader d'accepter cette opinion que je viens de dire, au sujet des Prophètes. Si vous croyez pouvoir l'établir par la considération des nombreuses imperfections et des contrariétés que le Verbe enferme dans l'hypothèse opposée, je réponds que ces contradictions mêmes, vous dites qu'elles existent, mais vous ne le prouvez pas. Et qui sait, si les deux sens étaient mis en regard, lequel enfermerait le plus d'imperfection ? L'être souverainement parfait enfin devait bien apercevoir ce que le peuple y comprendrait et quelle était la meilleure méthode à suivre pour l'instruire.

Pour ce qui est du deuxième point contenu dans votre première question, vous vous demandez pourquoi Dieu a ordonné à Adam de ne pas manger du fruit de l'arbre, alors qu'il avait décrété le contraire, et vous répondez que le commandement fait à Adam consistait dans la seule révélation faite à Adam que manger de ce fruit était une cause de mort ; c'est ainsi qu'il nous est révélé par la raison naturelle qu'un poison est mortel. S'il est admis que Dieu a interdit quelque chose, pour quelles raisons préférerai-je le mode d'interdiction que vous proposez à celui qu'indiquent les Prophètes et que Dieu lui-même leur a fait connaître par révélation ? Ma façon d'interdire, direz-vous, est plus naturelle et par suite s'accorde mieux avec la vérité et avec Dieu. Mais cela je le nie. Je ne sais pas en quoi consiste cette révélation d'un poison mortel que Dieu nous aurait faite par la lumière naturelle de l'entendement, et je ne vois pas comment je pourrai jamais savoir qu'une chose est empoisonnée, si je n'en voyais ou n'en apprenais les effets sur d'autres. Que des hommes ignorant le poison en mangent à leur insu et en meurent, c'est ce que nous montre l'expérience quotidienne. Si les hommes, direz-vous, savaient que telle chose est un poison, ils n'ignoreraient pas qu'elle est mauvaise. Je réponds que nul n'a et ne peut avoir la connaissance d'un poison, sauf celui qui a vu ou appris que quelqu'un s'est causé du dommage à lui-même en en faisant usage. Et si vous supposez que jusqu'à ce jour nous n'ayons jamais vu ni appris que l'usage d'une chose a été dommageable à quelqu'un, non seulement nous ignorerions encore qu'elle est un poison, mais nous en ferions certainement usage nous-mêmes à notre propre préjudice, comme on le voit tous les jours.

Qu'est-ce donc qu'une âme candide et droite peut aimer dans cette vie plus que la contemplation de cette Divinité parfaite ? Elle doit envelopper, en effet, la plus grande perfection dont soit capable notre entendement fini puisqu'elle se rapporte à ce qu'il y a de plus parfait. Et il n'est rien dans cette vie que je voulusse changer contre cette délectation. Aiguillonné par un appétit céleste, je puis dépenser beaucoup de temps à la goûter et je suis en même temps affecté de tristesse quand je considère tout ce qui manque à mon entendement ; mais j'apaise ma tristesse par l'espoir que j'ai et qui m'est plus cher que la vie, que plus tard j'existerai et continuerai d'être et contemplerai la Divinité plus parfaitement que je ne le puis maintenant. Quand je pense à la brièveté et à la fuite de cette vie où j'attends la mort à tous les instants, si je devais croire que je cesserai d'être, et que je serai privé de cette sainte et sublime contemplation, certes je serais plus misérable qu'aucune des créatures à qui manque la connaissance de leur fin. Avant que vînt la mort en effet, la crainte de la mort me rendrait misérable, et, après la mort, il n'y aurait plus rien, et je serais misérable parce que je serais privé de cette contemplation divine. Or, vos opinions me semblent conduire à ceci que, cessant d'être en ce monde, je cesse d'être pour l'éternité, tandis qu'au contraire ce Verbe, cette volonté de Dieu apportent à mon âme une consolation en attestant qu'après cette vie, parvenu à un état plus parfait, je jouirai de la contemplation de la Divinité souverainement parfaite. En vérité, alors même que cet espoir serait reconnu faux, il me rend bien heureux aussi longtemps que j'espère. La seule chose que, par mes prières, par mes soupirs et par mes vœux, je demande à Dieu et la seule chose que je veuille demander (puissé-je donner davantage pour l'obtenir), aussi longtemps que l'esprit gouvernera mes membres, c'est qu'il lui plaise de m'accorder dans sa bonté assez de béatitude pour que, lors de la dissolution du corps, je demeure un être intellectuel capable de contempler cette Divinité très parfaite. Si je possède ce bien, peu m'importe comment s'établit la croyance en ce monde, quelle chose les hommes se persuadent les uns aux autres, si, oui ou non, quelque chose peut être établi et perçu par l'entendement naturel. Cela, cela seulement est mon vœu, mon désir, ma prière constante, que Dieu affermisse dans mon âme cette certitude et, si je la possède (combien misérable je serais si j'en étais privé !), que mon âme clame dans son désir, comme le cerf haletant aspire à l'eau de la rivière : mon âme te désire, ô Dieu vivant. Ah ! quand le jour viendra-t-il où je serai près de toi et te verrai ? Que je l'obtienne seulement et j'aurai tout ce vers quoi s'efforce mon âme, tout ce qu'elle désire, et cependant votre manière de voir me ravit cette espérance puisque, d'après vous, notre service n'est point agréable à Dieu. Je ne comprends pas que Dieu (s'il est permis de parler de lui humainement), si de notre service et de notre louange il ne tire aucun plaisir, nous ait produits et conservés. Si j'ai mal entendu votre opinion, je vous demande de me l'expliquer. Mais voici que je me suis attardé et que je vous ai retenu peut-être plus longtemps qu'il n'est coutume. Le papier me manque et je veux m'en tenir là. Je souhaite avoir la solution des problèmes que je pose. Peut-être ai-je, ici ou là, tiré de votre lettre une conclusion qui n'est pas dans votre pensée : s'il en est ainsi je désire avoir de vous une explication.

Je me suis occupé naguère d'examiner certains attributs de Dieu et, pour cette tâche, ai tiré grand secours de votre Appendice. J'ai seulement développé plus abondamment votre pensée qui me paraît ne livrer à la publicité que des démonstrations. C'est pourquoi je suis surpris que Meyer affirme dans sa Préface que vous ne pensez pas ainsi, mais étiez obligé d'enseigner à votre élève la philosophie de Descartes ainsi que vous l'aviez promis, et que vous aviez tant sur Dieu que sur l'âme et en particulier sur la volonté, une opinion très différente. Je vois aussi que, d'après cette Préface, vous devez donner bientôt une édition augmentée des *Pensées métaphysiques*. Je désire vivement que l'un et l'autre renseignement soient vrais, car ils éveillent en moi quelque espoir. Je n'ai pas coutume d'ailleurs d'exalter les gens en les louant.

J'ai écrit cette lettre d'une âme sincère, avec une amitié non feinte, ainsi que vous le demandiez dans la vôtre, afin de découvrir la vérité. Excusez la longueur non préméditée de cet écrit ; vous m'obligerez au plus haut point en y répondant ; je n'ai pas d'objection à ce que vous usiez du langage « que votre éducation vous a rendu familier » ou d'un autre pourvu que ce soit le latin ou le français. Toutefois pour cette réponse je voudrais qu'elle fût dans la langue dont j'ai usé moi-même, afin de mieux comprendre votre pensée, ce qui ne serait peut-être pas le cas si vous usiez du latin. Vous m'obligeriez, ce faisant, et je serai et resterai, Monsieur, votre très dévoué et très attaché

G. DE BLYENBERGH.

Dordrecht, le 16 janvier 1665.

Je vous prie d'expliquer avec plus de développement dans votre réponse ce que vous entendez par négation en Dieu.

Lettre 4

Spinoza à Blyenbergh

Quand j'ai lu votre première lettre, j'ai cru que votre opinion et la mienne s'accordaient presque ; par la seconde qui m'est parvenue je connais qu'il en est tout autrement. Je vois que nous pensons différemment non seulement sur les conséquences éloignées qui se tirent des premiers principes, mais sur les principes mêmes. Dès lors il ne me paraît plus qu'un échange de lettres entre nous puisse servir à notre instruction. Je vois, en effet, qu'aucune démonstration, non pas même la plus solide, suivant les règles de la démonstration, n'a de force à vos yeux si elle ne s'accorde avec l'enseignement que vous ou des théologiens connus de vous croyez trouver dans l'Écriture Sainte. Or, si vous admettez que Dieu parle plus clairement et de façon plus efficace par l'Écriture que par la lumière naturelle de l'entendement qu'il nous a également donnée et qu'il conserve incorruptible par sa sagesse divine, vous avez, pour soumettre votre entendement aux opinions que vous croyez trouver dans l'Écriture Sainte, de solides raisons ; moi-même, je ne pourrais agir autrement. Mais, je dois l'avouer sans ambages, je n'ai pas de l'Écriture une connaissance claire, bien que j'aie dépensé quelques années à l'étudier, et je sais que je ne puis, quand je possède une démonstration solide, en venir jamais à des pensées qui me permettent de la mettre en doute. Je me repose absolument sur ce que l'entendement me fait percevoir et ne soupçonne pas qu'il me puisse tromper, ni que l'Écriture puisse être avec lui en contradiction, et cela sans même y faire de recherches ; car la vérité ne peut contredire à la vérité, ainsi que je l'ai clairement montré dans mon Appendice (je ne puis indiquer le chapitre n'ayant pas le livre à la campagne où je suis) ; et le fruit que j'ai retiré de mon pouvoir naturel de connaître, sans l'avoir jamais trouvé une seule fois en défaut, a fait de moi un homme heureux. J'en jouis, en effet, et tâche à traverser la vie non dans la tristesse et les pleurs, mais dans la tranquillité d'âme, la joie et la gaieté, et m'élève ainsi d'un degré. Je ne cesse d'ailleurs de reconnaître que toutes choses arrivent par la puissance de l'Être souverainement parfait et son immuable décret et c'est à cette connaissance que je dois ma satisfaction la plus haute et ma tranquillité d'âme.

Pour revenir à votre lettre je dis que je vous suis extrêmement reconnaissant de m'avoir fait connaître ouvertement, en temps opportun, votre façon de philosopher ; quant aux conséquences que vous vous imaginiez pouvoir tirer de ma lettre, je ne vous en sais aucun gré. Qu'y avait-il, je le demande, dans cette lettre qui vous permît de m'attribuer des opinions telles que celles-ci : les hommes sont semblables aux bêtes, ils meurent et périssent de même manière, nos œuvres déplairont à Dieu, etc. Il faut, il est vrai, que, en ce qui touche ce dernier point, nos manières de voir diffèrent au suprême degré, car autrement je ne percevrais pas quelle idée vous avez quand vous dites que Dieu prend plaisir à nos œuvres, comme quelqu'un qui a atteint sa fin, éprouve du plaisir parce que les choses vont selon son désir. Pour moi, je l'ai dit très clairement, les bons honorent Dieu et se rendent plus parfaits en l'honorant, ils aiment Dieu ; est-ce là faire de nous des êtres semblables aux bêtes ou périssant comme elles, ou enfin des êtres dont les œuvres ne plaisent pas à Dieu ? Si vous aviez lu ma lettre avec plus d'attention, vous auriez vu clairement que tout notre désaccord réside en ce seul point : les perfections que possèdent les bons, leur sont-elles communiquées par Dieu, absolument parlant, sans qu'il y ait à supposer en lui d'attributs humains (c'est ainsi que je le conçois) ou bien viennent-elles de Dieu conçu comme un juge ? C'est là votre idée et, pour cette raison, vous ne voulez pas que les impies, parce qu'ils agissent contrairement au commandement de Dieu, servent Dieu comme les pieux. Mais cela même ne découle nullement de mes paroles : n'introduisant pas dans mon idée de Dieu celle de juge, j'estime les œuvres suivant leur qualité, non suivant la puissance de l'agent qui les produit, et, pour moi, la récompense qui suit l'œuvre en est une conséquence qui en découle aussi nécessairement qu'il découle de la nature d'un triangle que ses trois angles égalent deux droits. Et cela, chacun le connaîtra qui aura seulement considéré que toute notre béatitude consiste dans l'amour de Dieu et que cet amour découle nécessairement de la connaissance de Dieu, chose d'un grand prix pour nous. Cela peut d'ailleurs se démontrer d'une façon générale, bien facilement, pourvu qu'on ait égard à la nature du décret de Dieu, ainsi que je l'ai expliqué dans mon Appendice ; mais, je l'avoue, tous ceux qui confondent la nature divine avec l'humaine sont incapables de connaître cela.

J'avais l'intention d'en rester là pour ne pas vous importuner davantage avec des raisons qui (on le voit clairement par la protestation de dévouement que vous ajoutez à votre lettre) sont uniquement prétexte à rire et à plaisanter sans être d'aucune utilité pour personne. Toutefois, pour ne pas laisser votre demande sans réponse, je vais expliquer les mots de privation et de négation et exposer brièvement ce qu'il est nécessaire de savoir pour mieux entendre ma lettre précédente.

Je dirai donc en premier lieu que la privation n'est pas l'acte de priver, mais purement et simplement l'absence ou le manque d'une certaine chose, autrement dit, elle n'est rien par elle-même ; ce n'est qu'un être de raison, une manière de penser que nous formons quand nous comparons les choses entre elles. Nous disons, par exemple, qu'un aveugle est privé de la vue, parce que nous l'imaginons facilement clairvoyant, soit par comparaison avec d'autres hommes, clairvoyants, soit que nous comparions l'état présent de cet homme avec son état passé, du temps qu'il voyait. Quand donc nous considérons cet homme de la sorte, comparant sa nature avec celle d'autres individus ou avec sa nature antérieure, nous affirmons que la vision appartient à sa nature et, pour cette raison, nous disons qu'il en est privé. Mais, si l'on a égard au décret de Dieu et à la nature de ce décret, l'on ne peut pas plus dire que cet aveugle est privé de la vue qu'on ne peut le dire d'une pierre, car, à ce moment-là, il serait aussi contradictoire que la vision lui appartînt qu'il le serait qu'elle appartînt à la pierre, *puisque rien n'appartient à cet homme et ne peut être dit sien que ce que l'entendement et la volonté de Dieu lui a accordé*. Et ainsi Dieu n'est pas cause du non-voir de cet homme plus que du non-voir de la pierre ; c'est en quoi consiste une négation pure et simple. *De même quand nous considérons la nature d'un homme qui est dominé par un appétit bassement sensuel, et que nous comparons cet appétit présent en lui à celui qui se trouve dans les hommes de bien, ou à celui qui, à un autre moment, s'est trouvé en lui-même, nous affirmons que cet homme est privé d'un appétit meilleur parce que nous croyons que mieux vaudrait pour lui l'appétit de la vertu. Nous ne pouvons juger ainsi quand nous avons égard à la nature du décret et de l'entendement divins ; car, relativement à elle, cet appétit meilleur n'appartient pas plus, à l'instant considéré, à la nature de cet homme qu'à celle du diable ou de la pierre*. Et en ce sens par suite, il y a non point privation d'un désir meilleur mais seulement négation. On peut dire en somme qu'il y a privation quand un attribut, que nous croyons appartenir à la nature de quelque objet, est nié de cet objet même, négation quand on nie d'un objet ce qui n'appartient pas à sa nature. Par là il apparaît clairement que l'appétit d'Adam pour les choses terrestres était mauvais au regard de notre entendement seulement, non au regard de l'entendement de Dieu. *Bien que Dieu, en effet, eût connaissance de l'état passé d'Adam comme de son état présent, il ne concevait pas pour cela qu'Adam fût privé de son état passé, autrement dit que son état passé appartînt à sa nature présente*, car c'eût été concevoir quelque chose de contraire à sa volonté, c'est-à-dire à son propre entendement. Si vous aviez bien perçu cela et en même temps qu'ainsi que L. M. l'a, en mon nom, attesté dans la Préface, je n'admets aucunement cette liberté conférée à l'âme par Descartes, vous n'auriez pas trouvé dans mes paroles la moindre contradiction. Mais j'aurais beaucoup mieux fait, je le vois, de m'en tenir dans ma première lettre au langage de Descartes disant que nous ne pouvons savoir comment notre liberté et tout ce qui en dépend s'accorde avec la providence et la liberté de Dieu (ainsi que je l'ai fait en divers endroits dans l'Appendice) ; de la sorte nous ne pouvons trouver que notre liberté implique aucune contradiction, parce que nous ne pouvons comprendre comment Dieu a créé les choses et, ce qui revient au même, comment il les conserve. Mais je pensais que vous aviez lu la Préface et que je pécherais contre l'amitié que j'offrais sincèrement, en ne répondant pas suivant ma conviction intérieure. Mais ce n'est point là ce dont il s'agit.

Comme je vois cependant que vous n'avez pas bien saisi la pensée de Descartes à ce sujet, je vous demande de considérer ces deux points :

1° Ni moi ni Descartes n'avons jamais dit qu'il appartînt à notre nature de contenir notre volonté dans les limites de l'entendement, mais seulement que Dieu nous a donné un entendement déterminé et une volonté indéterminée, en telle sorte toutefois que nous ignorions pour quelle fin il nous a créés ; nous avons dit en outre qu'une volonté ainsi indéterminée ou parfaite, non seulement nous rend plus parfaits mais aussi, comme je vous le dirai par la suite, nous est très nécessaire.

2° Notre liberté n'est pas de la contingence non plus que de l'indifférence, elle consiste dans la façon d'affirmer ou de nier ; c'est-à-dire que moins nous sommes indifférents quand nous affirmons ou nions quelque chose, plus nous sommes libres. Par exemple si la nature de Dieu nous est connue, alors l'affirmation de son existence suit aussi nécessairement de notre nature qu'il découle de la nature du triangle que ses trois angles égalent deux droits. Et cependant nous ne sommes jamais plus libres que lorsque nous affirmons une chose de cette façon. Cette nécessité n'étant, comme je l'ai montré clairement dans mon Appendice, rien d'autre qu'un décret de Dieu, on peut connaître de là de quelle façon nous faisons une chose librement et en sommes cause, encore que nous agissions nécessairement et en vertu d'un décret de Dieu. Nous pouvons, dis-je, connaître cela en quelque manière, quand nous affirmons quelque chose que nous percevons clairement et distinctement. Au contraire quand nous affirmons quelque chose que nous ne concevons pas clairement et distinctement, c'est-à-dire quand nous souffrons que notre volonté se porte au-delà des limites de notre entendement, alors nous ne pouvons percevoir de même cette nécessité et les décrets de Dieu, mais nous percevons la liberté que notre volonté enveloppe toujours (et c'est en ce sens seulement que nos œuvres sont appelées bonnes ou mauvaises). Et si alors, nous nous efforçons de concilier notre volonté avec le décret de Dieu et la création continue, nous confondons ce que nous connaissons clairement et distinctement avec ce que nous ne percevons pas de même, de sorte que notre effort reste vain. Il nous suffit donc de savoir que nous sommes libres et pouvons l'être nonobstant le décret de Dieu et que nous sommes cause du mal en ce sens que nul acte ne peut être appelé mauvais sinon relativement à notre liberté. Voilà pour ce qui concerne Descartes et pour vous montrer qu'il n'y a à cet égard aucune contradiction dans son langage.

Je m'occuperai maintenant de ce qui me concerne et, en premier lieu, je soulignerai la conséquence utile à retirer de mon opinion, à savoir principalement que notre entendement fait offrande à Dieu, sans que la superstition y soit pour rien, de notre âme et de notre corps. Je ne nie cependant pas que les prières ne soient fort utiles, car mon entendement est incapable en raison de son exiguïté de déterminer tous les moyens par lesquels Dieu peut conduire les hommes à l'amour de lui, c'est-à-dire au salut. Tant s'en faut donc que cette opinion puisse être nuisible, bien au contraire elle donne à ceux qui n'ont pas l'esprit occupé par des préjugés ou par une superstition puérile, un moyen unique de parvenir au plus haut degré de la béatitude.

Pour ce que vous dites que, par la façon dont je conçois la dépendance des hommes à l'égard de Dieu, je les rends semblables à la matière brute, à des plantes ou à des pierres, cela montre suffisamment que vous avez très mal compris mon opinion et que vous confondez avec les choses que nous imaginons, celles qui sont du ressort de l'entendement. Si en effet vous aviez perçu, par l'entendement pur, ce que c'est que de dépendre de Dieu, certes vous ne penseriez pas que les choses sont, en tant qu'elles dépendent de Dieu, mortes, corporelles et imparfaites (qui a jamais osé parler aussi bassement de l'Être souverainement parfait ?), vous comprendriez au contraire qu'elles sont parfaites pour cette raison même et en tant qu'elles dépendent de Dieu. C'est pourquoi nous connaissons le mieux qui se puisse cette dépendance et cette opération nécessaire par décret divin, quand nous considérons non des troncs d'arbres et des plantes mais les choses créées les plus intelligibles et les plus parfaites, ainsi qu'il apparaît par ce que nous avons rappelé ci-dessus en second lieu de la pensée de Descartes et à quoi vous auriez dû prendre garde.

Je ne puis vous dissimuler l'extrême surprise que votre langage me cause quand vous dites : si Dieu ne punissait pas la faute commise (j'entends à la façon d'un juge et par une peine qui n'est pas la conséquence de la faute elle-même, toute la question est là) quelle raison empêcherait qu'on ne commît avidement tous les crimes ? Certes quelqu'un qui s'abstient du crime uniquement par peur du châtiment (tel n'est pas votre cas, je veux le croire) n'agit nullement par amour et ne possède pas du tout la vertu. Pour moi je m'en abstiens ou m'efforce de m'en abstenir parce que le crime répugne expressément à ma nature singulière et m'éloignerait de l'amour et de la connaissance de Dieu.

Si, de plus, vous aviez eu égard à la nature humaine et à la nature du décret divin, telle que je l'ai expliquée dans l'Appendice et si vous aviez su comment une déduction devait être conduite avant d'en venir à la conclusion, vous n'auriez pas imprudemment dit qu'une opinion telle que la mienne conduisait à faire de nous des êtres semblables à des troncs d'arbres, etc., et vous ne m'auriez pas attribué tant d'absurdités qui n'ont d'existence que dans votre imagination.

Pour ces deux points qu'avant de passer à votre deuxième règle vous dites ne pouvoir comprendre, je réponds.

1° Que Descartes vous donne, quant au premier point, une conclusion satisfaisante et que vous pouvez éprouver en vous-même, si vous considérez votre propre nature, que vous pouvez suspendre votre jugement. Direz-vous que vous n'éprouvez pas en vous-même que nous ayons aujourd'hui assez de forces à mettre au service de la raison pour pouvoir toujours continuer à le suspendre, cela reviendrait pour Descartes à dire que nous ne pouvons voir aujourd'hui que nous resterons toujours aussi longtemps que nous vivrons des choses pensantes ou conserverons la nature d'une chose pensante, ce qui implique assurément contradiction.

Quant au second point je dis avec Descartes que si nous

ne pouvions étendre notre volonté au-delà des limites de notre entendement très limité, nous serions très misérables et n'aurions pas le pouvoir de manger une miette de pain, ou de faire un pas en avant, ni de rester debout immobiles car tous ces actes sont incertains et pleins de périls.

Je passe maintenant à votre deuxième règle et j'affirme que, sans attribuer à l'Écriture cette sorte de vérité que vous trouvez en elle, je crois cependant lui reconnaître autant sinon plus d'autorité que d'autres, et prendre beaucoup plus de précautions pour n'y point introduire d'opinions puériles et absurdes, ce qui exige qu'on ait de la philosophie une connaissance exacte ou bien qu'on ait été favorisé de quelque révélation divine. C'est pourquoi je ne m'émeus guère des explications que les théologiens vulgaires donnent de l'Écriture, surtout quand ils sont de cette école qui s'en tient toujours à la lettre et au sens extérieur. Je n'ai jamais vu, sauf parmi les Sociniens, théologien si épais d'esprit qu'il ne comprît que l'Écriture Sainte parle souvent de Dieu en un langage anthropomorphique et en paraboles pour exprimer ce qu'elle veut dire. Et pour ce qui concerne la contradiction que vous cherchez à rendre apparente (vainement, à mon avis), je crois que vous entendez par parabole quelque chose d'entièrement différent de ce qu'on a coutume de désigner sous ce nom. Qui en effet a jamais entendu dire qu'exprimer ses idées au moyen de paraboles ce soit s'infliger un démenti ? Quand Michée dit au roi Achab qu'il a vu Dieu assis sur un trône, les armées célestes debout à sa droite et à sa gauche, et que Dieu demandait à ses combattants qui d'entre eux tromperait Achab, c'était certainement une parabole. Et c'était une expression suffisamment claire de ce qu'au nom de Dieu le prophète devait faire connaître en cette occasion (il ne s'agissait nullement d'enseigner les sublimités dogmatiques de la théologie). Il ne s'est donc en aucune façon infligé à lui-même un démenti. De même les autres prophètes ont fait, par ordre de Dieu, connaître au peuple la parole de Dieu en usant du moyen qui leur a paru le meilleur, mais sans dire que Dieu leur eût demandé de l'employer, pour ramener le peuple à l'objet de l'Écriture qui, suivant le Christ lui-même, consiste à aimer Dieu par-dessus toutes choses et le prochain comme soi-même. Les hautes spéculations n'ont, je crois, rien à voir avec l'Écriture. Pour ce qui me regarde, je n'y ai jamais appris ni pu apprendre aucun des attributs de Dieu.

Pour ce qui est du cinquième point (que les Prophètes ont exprimé la parole de Dieu en telle manière que je l'ai montré, parce que la vérité n'est pas opposée à la vérité), la seule chose qui me reste à faire est de démontrer que l'Écriture, telle qu'elle est, est la vraie parole révélée de Dieu. De cela je ne puis donner une démonstration mathématique et ne le sais que par la révélation divine. C'est pourquoi je dis : *je crois*, et non *je sais d'une certitude mathématique, que tout ce que Dieu a fait connaître aux Prophètes* etc. ; et je crois fermement, mais je ne sais pas mathématiquement, que les Prophètes ont été admis au Conseil de Dieu et ont agi en messagers fidèles ; de sorte qu'il n'y a aucune contradiction dans mes affirmations et qu'au contraire il s'en trouve un grand nombre dans la thèse opposée.

Pour le reste de votre lettre, quand vous dites : *Enfin l'Être souverainement parfait savait*, etc. pour ce que vous opposez à l'exemple du poison, enfin pour ce qui touche l'Appendice et ce qui suit, je réponds que cela ne se rapporte pas à la question présente.

À l'égard de la préface de L. M., il y est montré ce que Descartes aurait dû prouver pour donner du libre arbitre une démonstration solide, et en même temps il y est dit que je soutiens une opinion contraire et comment je la soutiens ; peut-être la ferai-je connaître en son temps ; pour le moment je ne m'en sens pas le désir.

L'ouvrage sur Descartes, dirai-je enfin, m'est sorti de l'esprit et je ne m'en suis plus occupé depuis qu'il a été publié en langue hollandaise ; j'avais pour cela une raison qu'il serait trop long de rapporter ici. Il ne me reste donc plus qu'à vous assurer, etc.

B. DE SPINOZA.

Schiedam, le 28 janvier 1665.

Lettre 5

Blyenbergh à Spinoza

Monsieur et cher ami,

J'ai reçu en son temps votre lettre du 28 janvier ; des occupations étrangères m'ont empêché d'y répondre plus tôt, et comme votre lettre contient en divers passages des remontrances assez dures, je ne savais trop quel jugement porter sur elle : dans la première, en effet, remontant au 5 janvier, vous m'aviez si généreusement offert votre amitié en y joignant l'assurance que non seulement ma première lettre vous était agréable, mais que celles qui pourraient suivre le seraient aussi, vous m'invitiez si amicalement à vous faire part de toutes difficultés et objections que dans ma lettre du 16 janvier j'ai développé mes raisons avec une certaine ampleur. J'attendais une réponse amicale et instructive conformément à l'entente qui me paraissait être établie entre nous ; et au contraire j'en reçois une qui n'a pas trop le ton de l'amitié. Vous y dites en effet *que nulles démonstrations, si solides qu'elles puissent être n'ont de valeur pour moi ; que je n'entends pas la pensée de Descartes ; que je confonds trop le spirituel avec le terrestre, etc., du reste que nous ne pouvons plus par un échange de lettres nous instruire l'un l'autre.* Je réponds amicalement que, suivant ma conviction ferme, vous entendez mieux que moi ces matières et êtes plus habitué que moi à distinguer le corporel du spirituel : vous êtes parvenu en effet au degré supérieur en métaphysique où je ne suis qu'un novice, c'est pourquoi je souhaite votre aide et je n'ai jamais pensé que, par mes objections librement présentées, je pusse vous donner motif de vous croire offensé. Je vous sais le plus grand gré d'avoir pris tant de peine pour composer ces lettres, surtout la deuxième. J'ai mieux saisi votre pensée dans cette dernière lettre que dans la première, et cependant je ne puis y donner mon assentiment, à moins que ne soient levées les difficultés que j'y trouve encore ; et cela ne peut être pour vous un sujet d'offense. Car admettre une vérité sans une juste raison, ce serait pécher contre l'entendement. À supposer que vos idées soient vraies, je ne dois point leur donner mon adhésion aussi longtemps qu'il y subsiste pour moi quelque obscurité ou quelque raison de douter, alors même que ce doute aurait son origine non dans la proposition avancée par vous, mais dans l'imperfection de mon entendement. Cela vous étant bien connu, si de nouveau je fais quelques objections, vous ne devez pas le prendre mal. Je suis obligé d'agir ainsi aussi longtemps que je ne perçois pas la chose clairement. Cela n'a d'autre but que la découverte de la vérité ; il ne s'agit nullement de déformer votre pensée d'une façon contraire à votre intention. Je vous demanderai donc une réponse amicale à ces brèves observations. Vous dites *que cela seul appartient à l'essence d'une chose que lui concèdent et lui accordent réellement la volonté et la puissance de Dieu ; quand nous considérons la nature d'un homme qui est conduit par un appétit sensuel et que nous comparons l'appétit présent en lui avec le désir qui est dans les âmes droites ou avec celui qu'il a eu en lui-même à un autre moment, nous affirmons que cet homme est privé d'un appétit meilleur parce que nous jugeons que le désir de la vertu lui appartient ; nous ne pouvons en juger de même si nous avons égard à la nature du décret divin et de l'entendement divin. Au regard de Dieu, en effet, cet appétit meilleur n'appartient pas plus à la nature de cet homme à ce moment qu'à celle du Diable ou de la pierre, etc. Bien qu'en effet Dieu connût l'état passé et le présent d'Adam, il ne s'ensuivait pas qu'Adam fût privé de son état passé, c'est-à-dire que le passé appartînt à sa nature présente.* Il paraît découler clairement de ces mots que, suivant votre opinion, n'appartient à l'essence d'une chose que ce qu'au moment considéré on perçoit qui est en elle. Ainsi, quand le désir du plaisir me possède, ce désir appartient à ce moment-là à mon essence, et s'il ne me possède pas au temps où je ne désire plus le plaisir, c'est ce non-désir qui appartient à mon essence. Il suit de là infailliblement qu'au regard de Dieu je suis aussi parfait, dans mes œuvres, quand le désir du plaisir me tient, que quand il ne me tient pas (mes œuvres ne diffèrent dans ces deux cas qu'en degré) ; quand je commets des crimes de tout genre que quand je pratique la vertu et la justice. À mon essence à ce moment en effet n'appartient rien de plus que ce qui détermine mon acte, car, suivant votre thèse, je ne puis dans mes actes manifester ni plus ni moins de perfection que je n'en ai effectivement reçu, le désir des plaisirs et des crimes appartient à mon essence dans le temps que j'agis et, à ce moment-là, c'est précisément cette essence et non une plus haute, que je reçois de la puissance de Dieu. Donc la puissance divine n'exige pas de moi d'autres œuvres que celles-là. Et il semble ainsi découler clairement de votre thèse que Dieu veut les crimes en même manière que ce que vous décorez du nom de vertu insigne. Posons donc que Dieu, en tant que Dieu, non en tant que juge, accorde aux pieux et aux impies telle qualité et telle quantité d'essence qu'il veut pour qu'ils agissent ; quelles raisons donner pour qu'il ne veuille pas l'œuvre des uns tout de même que celle des autres ? Puisqu'il a donné à chacun une essence telle qu'il convenait pour son œuvre, il en résulte qu'à l'égard des uns et des autres, des mieux pourvus comme de ceux qui le sont le moins, sa demande est de même sorte.

Et par suite Dieu, pris absolument et en lui-même, exige de même façon une perfection plus grande ou une moindre de nos œuvres, le désir des plaisirs et celui des vertus, si bien que celui qui commet des crimes doit nécessairement les commettre parce que rien d'autre, à ce moment, ne s'accorderait avec son essence ; de même celui qui pratique la vertu, le fait parce que la puissance de Dieu a voulu qu'à ce moment cette pratique de la vertu appartînt à son essence. D'où il me paraît résulter à nouveau que Dieu veut également et de même façon le crime et la vertu ; et en tant, en effet, qu'il veut l'un et l'autre, il est cause tant de l'un que de l'autre, et tous deux en ce sens doivent lui être agréables. Conclusion difficile à admettre.

Vous dites, comme je vois, que les hommes intègres rendent à Dieu un culte, mais ce que je perçois dans vos écrits, c'est seulement que servir Dieu c'est simplement produire des œuvres qui soient telles que Dieu l'a voulu. Or cela s'applique également, suivant vous, aux impies et aux voluptueux. Dès lors quelle différence y a-t-il au regard de Dieu entre le culte des intègres et celui des méchants ? Vous dites aussi que les intègres servent Dieu et qu'en le servant, ils se rendent constamment plus parfaits ; mais je ne vois pas ce que vous entendez par ces mots : *se rendre plus parfaits*, ni ce que signifient ceux-ci : *se rendre constamment plus parfaits*. Car pieux et impies tiennent leurs erreurs et leur conservation ou leur création continue de Dieu, considéré non comme un juge, mais pris en soi et absolument, et les uns et les autres accomplissent en même manière la volonté de Dieu conformément au décret divin. Quelle différence peut-il donc y avoir au regard de Dieu entre ces deux classes d'hommes ? Et si l'acquisition continue d'une perfection plus grande découle en effet non des œuvres, mais de la seule volonté de Dieu, et si les uns et les autres accomplissent seulement la volonté de Dieu, il ne peut donc y avoir de différence entre eux au point de vue de Dieu. Quelles sont donc les raisons qui font que les uns deviennent par leurs œuvres constamment plus parfaits, les autres pires ?

Vous semblez cependant faire consister la différence entre l'œuvre des uns et celle des autres en ceci que l'une de ces œuvres implique plus de perfection que l'autre. Je suis bien sûr que c'est là qu'il y a une erreur cachée dans laquelle vous ou moi tombons.

Je ne puis en effet trouver dans vos écrits aucune règle suivant laquelle une chose soit dite plus parfaite ou moins parfaite, sinon que sa perfection se mesure à l'essence qu'elle possède. Si telle est la mesure de la perfection, les crimes sont donc au regard de Dieu et pour lui aussi agréables que les œuvres des hommes justes ; car Dieu, agissant en tant que Dieu, veut ces choses de la même manière puisqu'elles découlent également de son décret, et ainsi elles sont équivalentes au regard de Dieu. Si la seule mesure de la perfection est ce que vous dites, les erreurs ne peuvent être appelées erreurs qu'improprement, car, en réalité, il n'y a point d'erreurs, il n'y a point de crimes et toute chose existante ne peut comprendre que l'essence que Dieu lui a donnée, essence qui, quelle qu'elle puisse être, enveloppe une perfection. J'avoue que je ne puis percevoir cela clairement, et vous m'excuserez de vous demander si l'homme qui tue son semblable plaît à Dieu autant que le distributeur d'aumônes ? Si l'acte de commettre un vol vaut au regard de Dieu un acte juste ? Si vous le niez, quelles sont vos raisons ? Si vous l'accordez, quelles raisons pourrai-je avoir de m'attacher à l'œuvre que vous dites de vertu plutôt qu'à une autre ? Quelle loi m'interdira celle-ci plutôt que celle-là ? Alors que vous parlez d'une loi de vertu, je dois avouer que je ne trouve dans vos écrits aucune loi dont l'observation conduise à pratiquer ou même à connaître la vertu. Tout ce qui est, en effet, dépend étroitement de la volonté de Dieu et conséquemment il y a autant de vertu dans une manière d'agir que dans l'autre. Et je ne comprends pas ce qu'est pour vous la vertu ou une loi de vertu ; je ne conçois pas davantage ce que vous dites que nous devons agir par amour de la vertu. Vous dites, il est vrai, que vous vous abstenez de crimes et de vices parce que les crimes et les vices répugnent à votre nature et vous éloignent de la connaissance et de l'amour de Dieu ; mais je ne trouve dans tous vos écrits aucune règle qui prescrive cette manière d'agir et qui la justifie. Il m'apparaît, excusez-moi de le dire, que c'est le contraire qui en découle. Vous vous abstenez de ce que j'appelle les vices, parce qu'ils répugnent à votre nature singulière, non parce que ce sont des vices ; vous vous en abstenez comme on s'abstient d'un aliment dont notre nature a horreur. Certes celui qui s'abstient des actes mauvais parce que sa nature les a en horreur ne peut guère se targuer de sa vertu.

De nouveau se pose donc la question de savoir si, en cas qu'il y ait une âme à la nature singulière de laquelle convinssent la quête des plaisirs et les actes criminels au lieu de lui répugner, si en pareil cas, dis-je, il existe un argument qui puisse déterminer un pareil être à agir vertueusement et à s'abstenir du mal ? Mais comment pourrait-il se faire qu'un être cessât de désirer le plaisir alors que son désir en ce moment fait partie de son essence, cette essence qu'il vient de recevoir et à laquelle il ne peut renoncer ?

Je ne vois pas non plus dans vos écrits comment il s'établit que des actions appelées par moi criminelles vous détournent de la connaissance et de l'amour de Dieu ? Car vous ne faites qu'accomplir la volonté de Dieu et vous ne pouviez faire davantage puisque rien de plus n'avait été donné par la volonté et la puissance de Dieu pour constituer votre essence à ce moment déterminé. Comment, déterminée de la sorte et ainsi dépendante de Dieu, votre œuvre vous égarerait-elle loin de l'amour de Dieu ? S'égarer, c'est aller à l'abandon, n'avoir aucune attache, et cela selon vous est impossible. Quoi que nous fassions, en effet, quelque degré de perfection que nous montrions, nous le recevons toujours de Dieu immédiatement au même moment pour constituer notre être. Comment pouvons-nous donc nous égarer ? À moins que je ne comprenne pas ce qu'il faut entendre par égarement. Et cependant c'est en cela seul que doit résider la cause soit de mon erreur, soit de la vôtre.

J'aurais encore beaucoup à dire, et je demanderais : 1° Si les substances douées d'entendement dépendent de Dieu d'une autre manière que celles qui sont privées de vie ? Bien qu'en effet les êtres doués d'entendement enveloppent plus d'essence que ceux qui sont privés de vie, ne sont-ils pas tenus les uns et les autres par Dieu, et par un décret de Dieu, d'accomplir une œuvre qui est la conservation de leur mouvement en général et de tel mouvement propre à une espèce d'êtres animés et conséquemment, en tant qu'ils dépendent de Dieu, n'en dépendent-ils pas d'une seule et même façon ? 2° Puisque vous n'accordez pas à l'âme la liberté dont M. Descartes la dote, quelle différence y a-t-il entre la dépendance des êtres doués d'entendement et celle des substances sans âme ? Et, si les premières n'ont aucune liberté de volonté, comment concevez-vous leur dépendance de Dieu ? 3° Si notre âme ne possède pas cette liberté, notre action n'est-elle pas en réalité l'action de Dieu et notre volonté, la volonté de Dieu ? Je pourrais poser beaucoup d'autres questions mais je n'ose vous demander tant de choses. J'attends seulement une réponse assez prompte aux questions qui précèdent, dans l'espoir d'y trouver un moyen de mieux comprendre votre pensée, de façon que nous puissions ensuite en traiter de vive voix. Sitôt en effet que j'aurai votre réponse, j'irai, partant pour Leyde, vous saluer au passage, si cela vous convient. Dans cet espoir, je me dis de cœur en vous saluant votre bien dévoué

G. DE BLYENBERGH.

Dordrecht, le 19 février 1665.

P. S. — Dans ma hâte j'ai oublié de poser cette autre question : pouvons-nous par notre prudence empêcher qu'il ne nous arrive ce qui autrement nous arriverait ?

Lettre 6

Spinoza à Blyenbergh

Monsieur et ami,

J'ai reçu, cette semaine, deux lettres de vous : la plus récente qui est du 9 mars était destinée seulement à me rappeler la première, écrite le 19 février, qui m'a été renvoyée de Schiedam. Dans cette première lettre je vois que vous vous plaignez de ce que j'ai dit, que *nulle démonstration ne peut avoir de force à vos yeux, etc.*

Ce n'est pas, comme vous semblez le croire, parce que mes raisons ne vous ont point paru sur-le-champ convaincantes, tant s'en faut que telle ait été ma pensée, je me référais à vos propres paroles dont la teneur est la suivante : *Et s'il arrivait après un long examen que la connaissance naturelle me parût être en conflit avec ce Verbe divin ou ne pas bien s'accorder avec lui, etc., la Parole de Dieu a sur mon âme une autorité telle que les concepts que je crois clairs me deviendraient suspects plutôt que, etc.* Je n'ai donc fait que reproduire, en l'abrégeant, votre langage, et je ne crois pas, ce faisant, vous avoir donné aucune raison d'être irrité ; d'autant plus que je voulais par là montrer la raison profonde du dissentiment qui est entre nous. Vous avez en outre écrit à la fin de votre deuxième lettre que tout votre espoir et votre désir était de persévérer dans la foi et l'espérance et que le reste, les convictions que nous pouvons nous communiquer l'un à l'autre touchant l'entendement naturel, vous est indifférent. L'idée m'est donc venue, et elle continue d'occuper mon esprit, que mes lettres ne vous seraient d'aucun profit et que, cela étant, je ferais plus sagement de ne pas négliger mes travaux (qu'autrement je serais obligé d'interrompre un certain temps) pour des discussions sans utilité. Et cela n'a rien qui s'oppose à ma première lettre : quand je l'écrivais, en effet, je vous considérais comme un pur philosophe, n'admettant (ainsi que bien d'autres qui font profession d'être chrétiens) d'autre pierre de touche de la vérité que l'entendement naturel et non la théologie. Mais vous m'avez fait comprendre qu'il en était autrement et m'avez montré que les bases sur lesquelles j'aurais voulu que s'élevât notre amitié n'étaient pas posées comme je le croyais.

Quant au reste, il y a des manières de dire dont il arrive qu'on use dans la discussion, sans pour cela franchir les bornes de la politesse, et, pour cette raison, je ne m'arrêterai pas à certaines expressions qui se trouvent dans votre deuxième lettre et aussi dans la dernière. Voilà pour le reproche de vous avoir offensé et pour que vous compreniez que je n'ai rien dit qui le justifiât et ne puis admettre qu'on me l'adresse. Je passe maintenant à vos objections pour y répliquer.

Je pose en principe, en premier lieu, que Dieu est cause absolument et réellement de toutes les choses, quelles qu'elles soient, qui possèdent une essence. Si donc vous pouviez démontrer que le mal, l'erreur, les crimes, etc. sont des choses exprimant une essence, je vous accorderais sans réserve que Dieu est cause des crimes, du mal, de l'erreur, etc. Je crois avoir suffisamment montré que ce qui donne au mal, à l'erreur, au crime, leur caractère d'acte mauvais ou criminel et de jugement faux, ce qu'on peut appeler la forme du mal, de l'erreur, du crime, ne consiste en aucune chose qui exprime une essence ; qu'en conséquence on ne peut dire que Dieu en soit cause. Le matricide de Néron, par exemple, en tant qu'il contient quelque chose de positif n'était pas un crime ; Oreste a pu accomplir un acte qui extérieurement est le même et avoir en même temps l'intention de tuer sa mère, sans mériter la même accusation que Néron. Quel est donc le crime de Néron ? Il consiste uniquement en ce que, dans son acte, Néron s'est montré ingrat, impitoyable et insoumis. Aucun de ces caractères n'exprime quoi que ce soit d'une essence et, par suite, Dieu n'en est pas cause, bien qu'il le soit de l'acte et de l'intention de Néron.

Je voudrais montrer encore que nous ne devons pas, quand nous parlons en philosophes, user des phrases de la théologie : puisqu'en effet la théologie représente Dieu, fréquemment et sans inadvertance, comme un homme parfait, il y a lieu en théologie de dire que Dieu a des désirs, que les œuvres des méchants l'affligent et que celles des gens de bien lui donnent de la joie ; mais en philosophie, sitôt que nous avons perçu clairement qu'il est tout aussi inadmissible de conférer à Dieu les qualités pouvant rendre un homme parfait que d'attribuer à l'homme les caractères propres à un éléphant ou à un âne, ces manières de dire et toutes celles qui leur ressemblent ne conviennent plus et nous ne pouvons les employer sans tomber dans la plus grande confusion. Donc, parlant en philosophes, nous ne dirons jamais que Dieu attend quelque chose de quelqu'un, ni qu'il est affligé ou éprouve de la joie au sujet de quelqu'un, car ce sont là manières d'être ne pouvant se trouver en Dieu.

J'aurais voulu noter enfin que, si les œuvres des gens de bien (c'est-à-dire ceux qui ont de Dieu une idée claire et règlent sur elle toutes leurs actions et toutes leurs pensées), celles des méchants (c'est-à-dire de ceux qui n'ont pas l'idée de Dieu mais seulement les idées des choses terrestres et règlent sur elles leurs actes et leurs pensées) et enfin les œuvres de tous les êtres existants découlent nécessairement des lois éternelles et des décrets de Dieu et sont suspendues à lui, toutefois elles diffèrent les unes des autres non seulement en degré, mais par leur essence. Bien qu'en effet un rat aussi bien qu'un ange, la tristesse comme la joie, dépendent de Dieu, un rat ne peut cependant pas être une espèce d'ange non plus que la tristesse une espèce de joie. Je pense avoir ainsi répondu à vos objections (si je les ai bien comprises; je me demande en effet parfois si les conclusions déduites par vous ne diffèrent pas de la proposition même que vous entreprenez de démontrer).

Cela d'ailleurs apparaît plus clairement si je réponds aux questions que vos principes vous conduisent à poser. La première est la suivante: Dieu agrée-t-il également le meurtre et l'aumône? La deuxième: voler est-il au regard de Dieu aussi bon que pratiquer la justice? La troisième enfin: s'il existe une âme à la nature singulière de laquelle ne répugne pas mais convient l'abandon aux appétits sensuels et le crime, peut-il y avoir un raisonnement sur la vertu capable de l'amener par persuasion à faire le bien et à ne pas faire le mal?

À la première question je répondrai que, parlant en philosophe, je ne sais pas ce que vous voulez dire par ces mots: *Dieu agrée*. Demandez-vous si Dieu a l'un en horreur tandis qu'il aime l'autre, si l'un offense Dieu tandis que l'autre lui complaît? Je réponds: non. La question est-elle au contraire de savoir si les meurtriers sont aussi gens de bien et aussi parfaits que les distributions d'aumônes. Je réponds encore: non.

Quant à la deuxième question, je demande si quand vous dites: *bon au regard de Dieu*, vous considérez que le juste procure à Dieu quelque bien tandis que le voleur lui cause du mal? Je répondrai alors que ni le juste ni le voleur ne peuvent être cause d'un plaisir ou d'un chagrin de Dieu. S'agit-il de savoir si l'une et l'autre œuvre, celle du voleur et celle du juste, en tant qu'elles sont quelque chose de réel dont Dieu est cause, sont également parfaites? Je réponds que, si nous considérons uniquement les œuvres, tel mode déterminé, il se peut faire qu'il y ait dans l'une et l'autre une perfection égale. Demandez-vous si le voleur et le juste sont également parfaits, ont même béatitude ? Je réponds : non. Par juste en effet j'entends celui qui désire constamment que chacun ait le sien et, dans mon *Éthique* (non encore publiée), je démontre que ce désir, dans les hommes pieux, tire nécessairement son origine de la connaissance claire qu'ils ont d'eux-mêmes et de Dieu. Le voleur n'ayant pas un désir de cette sorte, il est donc nécessairement dépourvu de la connaissance de Dieu et de lui-même, c'est-à-dire de ce qui d'abord nous fait hommes. Si toutefois vous demandez en outre quelle force peut vous pousser à faire cette œuvre que j'appelle vertu, plutôt qu'une autre ? Je réponds que je ne peux dire de quel moyen, parmi une infinité d'*autres*, Dieu use pour vous déterminer à cette œuvre. Ce pourrait être que Dieu eût imprimé en vous une idée claire de lui-même, de sorte que, par amour de lui, vous oublieriez le monde et aimeriez les autres hommes comme vous-même. Et il est manifeste qu'à une âme ainsi formée répugne tout ce qu'on appelle le mal et que, pour cette raison, le mal n'y peut exister. D'ailleurs ce n'est pas ici le lieu d'expliquer les fondements de l'Éthique, ni même de démontrer toutes les propositions que j'avance, parce que ma seule affaire présente est de répondre à vos questions et d'écarter vos objections.

Pour ce qui concerne la troisième question, elle implique contradiction et la poser, c'est, à mes yeux, comme si l'on demandait s'il pouvait convenir à la nature de quelque être qu'il se pendît ou s'il y a des raisons pour qu'il ne se pende pas. Supposons cependant qu'une telle nature puisse exister ; je l'affirme alors (que j'admette ou refuse d'admettre le libre arbitre) : si quelque homme voit qu'il peut vivre plus commodément suspendu au gibet qu'assis à sa table, il agirait en insensé en ne se pendant pas ; de même qui verrait clairement qu'il peut jouir d'une vie ou d'une essence meilleure en commettant des crimes qu'en s'attachant à la vertu, il serait insensé, lui aussi, s'il s'abstenait de commettre des crimes. Car, au regard d'une nature humaine aussi pervertie, les crimes seraient vertu. Quant à l'autre question que vous avez ajoutée à la fin de votre lettre, comme nous pourrions en poser en une heure cent du même genre sans jamais arriver à la solution d'aucune, et que vous ne me pressez pas autant d'y répondre, je n'en dirai rien. Je me bornerai à dire, pour le moment, que j'attendrai votre visite vers la date assignée par vous et que vous serez le bienvenu. Toutefois je préférerais que vous vinssiez promptement, me proposant d'aller à Amsterdam dans une semaine ou deux. Je vous prie, en attendant, de recevoir mes cordiales salutations.

B. DE SPINOZA.

Voorburg, le 13 mars 1665.

Lettre 7

Blyenbergh à Spinoza

Monsieur et ami,

Quand j'eus l'honneur de vous voir, le temps manquait pour prolonger notre entretien et ma mémoire s'est trouvée encore plus insuffisante pour en conserver le souvenir, en dépit des efforts que j'ai faits, sitôt après vous avoir quitté, pour rassembler les paroles que j'avais entendues. J'ai tenté dès ma première halte de mettre par écrit vos opinions mais j'éprouvai alors que je n'avais pas retenu le quart des choses dont nous avons discuté. Je m'excuse en conséquence de vous importuner une fois encore en vous questionnant sur les points qui demeurent obscurs, soit que j'aie mal compris votre pensée, soit que je ne l'aie pas bien retenue. Je voudrais qu'il me fût possible de faire quelque chose pour vous en échange de la peine que je vous donnerai.

En premier lieu, comment pourrais-je, en lisant les *Principes* et vos *Pensées métaphysiques*, distinguer votre opinion propre de celle de Descartes ?

Deuxième point : l'erreur existe-t-elle à proprement parler et en quoi consiste-t-elle ?

Troisièmement : pour quelle raison jugez-vous que la volonté n'est pas libre ?

Quatrièmement : qu'entendez-vous par ces mots que L. M. a écrits en votre nom dans la Préface : *Tandis que l'auteur admet bien qu'il y a dans la nature une substance pensante, il nie qu'elle constitue l'essence de l'âme humaine et juge que la pensée, tout de même que l'étendue, n'a point de limites. Et ainsi, de même que pour lui le corps humain n'est pas l'étendue prise absolument, mais une étendue déterminée en un certain mode par le mouvement et le repos, suivant les lois de la nature étendue, l'âme humaine n'est pas la pensée prise absolument, mais une pensée déterminée en un certain mode par des idées, suivant les lois de la nature pensante : d'où cette conclusion nécessaire qu'elle existe sitôt que le corps humain commence d'exister.* Il semble découler de là qu'à la ressemblance du corps humain, qui se compose de milliers de parties étendues, l'âme humaine se compose de milliers de pensées et que, le corps se dissolvant en des milliers de parties étendues desquelles il était formé, notre âme se dissout, quand elle se sépare du corps, en autant de pensées desquelles elle se composait. Et ainsi, tout de même que les parties de notre corps humain, après la dissolution, ne demeurent plus unies, mais que d'autres corps s'insèrent entre elles, il faut qu'après la dissolution de notre âme, les pensées innombrables dont elle se composait ne se combinent plus entre elles, mais soient séparées. Mais s'il est vrai que des corps ainsi désagrégés restent encore des corps, ils ne sont cependant plus des corps humains et de même, après la mort qui entraîne la dissolution de notre substance pensante, il subsiste bien des pensées ou des substances pensantes, mais leur essence, celle du moins qu'elle possédait quand on parlait de l'âme humaine constituée par elles, n'est plus la même. Votre thèse en revient, en conséquence, à ce qu'il me semble, à soutenir que la substance pensante de l'homme subit des changements et se dissout comme le font les corps, ou même que certaines âmes périssent entièrement, vous l'affirmez des impies, si je ne me trompe, et qu'aucune pensée ne demeure en elles. Et de même que M. Descartes, d'après L. M., présuppose que l'âme est une substance pensante, au sens absolu, vous et L. M. me paraissez présupposer seulement la plus grande partie de votre théorie ; je ne perçois donc pas clairement votre pensée en cette matière.

La cinquième question se rapporte à ce jugement que vous avez énoncé aussi bien dans notre entretien que dans votre deuxième lettre, datée du 13 mars, à savoir que de la connaissance claire de Dieu et de nous-mêmes provient le désir constant qu'à chacun revienne ce qui est sien. Il reste à expliquer de quelle façon la connaissance de Dieu et de nous-mêmes produit en nous la volonté constante de mettre chacun en possession de ce qui est sien. Autrement dit, par quelle voie cela découle de la connaissance de Dieu, ou comment elle nous oblige à aimer la vertu et à fuir les œuvres que nous qualifions de vices, et d'où vient, puisque d'après vous le meurtre, le vol comprennent quelque chose de positif, tout comme la distribution des aumônes, qu'un meurtre n'enveloppe pas autant de perfection, de béatitude et de paix intérieure que la distribution des aumônes. Peut-être direz-vous comme dans votre lettre du 13 mars que cette question concerne l'Éthique et qu'elle sera traitée par vous quand vous en viendrez là. Toutefois, comme à défaut d'un éclaircissement de cette question ainsi que des précédentes, je ne puis percevoir votre pensée, et qu'il y subsiste pour moi des absurdités impossibles à lever, je vous demande en ami d'y répondre plus amplement. Tout particulièrement je demande que vous énonciez et expliquiez les principales définitions, les postulats et les axiomes sur lesquels vous fondez votre Éthique et en premier lieu votre réponse à ma dernière question. Peut-être vous excuserez-vous en alléguant la peine qu'il vous faudrait prendre, mais je vous prie cette fois encore de me donner satisfaction, pour cette raison qu'à défaut d'une réponse à ma dernière question, je ne percevrai jamais droitement votre pensée. Je voudrais qu'il me fût permis de faire quelque chose pour vous en échange de la peine que vous prendrez. Je n'ose vous assigner un délai de deux ou trois semaines, je vous prie seulement de répondre à cette lettre avant votre voyage à Amsterdam. Vous m'obligerez grandement, ce faisant, et je vous montrerai que je suis et demeure, Monsieur, votre tout dévoué

G. DE BLYENBERGH.

Dordrecht, le 27 mars 1665.

Lettre 8

Spinoza à Blyenbergh

Monsieur et ami,

Quand votre lettre du 21 mars m'a été remise, j'étais sur le point de partir pour Amsterdam. Je l'ai donc laissée chez moi, en ayant lu la moitié seulement, pour y répondre à mon retour : je croyais n'y trouver en effet que des questions se rapportant à notre première discussion. Mais plus tard j'ai vu qu'il s'agissait de bien autre chose que de la seule confirmation des propositions énoncées par moi dans la Préface des *Principes de Descartes démontrés géométriquement*, à seule fin d'indiquer au lecteur, quel qu'il fût, quelle était mon opinion sans prétendre à l'établir et à la faire admettre par tous. Votre demande d'éclaircissement porte sur une grande partie de l'Éthique, laquelle a, on le sait, son fondement dans la métaphysique et la physique. Pour cette raison je n'ai pu me déterminer à vous donner satisfaction ; j'ai voulu attendre une occasion de vous prier ouvertement et très amicalement de renoncer à votre demande, en même temps que je vous expliquerais mon refus, et enfin vous montrerais que vos questions n'ont rien à voir avec la solution des difficultés que vous m'opposiez dans notre première discussion : au contraire, c'est de cette solution qu'elles dépendent en grande partie. Tant s'en faut donc que mon opinion concernant la nécessité ne puisse être perçue avant que réponse ait été donnée à vos questions. Ce sont ces questions au contraire qui ne peuvent être comprises avant qu'on l'ait bien entendue. L'occasion attendue ne s'était pas encore présentée quand, cette semaine, j'ai reçu de vous une nouvelle lettre laissant paraître quelque mécontentement causé par mon retard. Je me vois donc dans l'obligation de vous écrire quelques mots pour vous faire connaître mon intention et ma décision. J'espère qu'après y avoir réfléchi, vous renoncerez à votre demande et resterez néanmoins bien disposé pour moi. Pour ma part je me montrerai toujours votre dévoué

B. DE SPINOZA.

Voorburg, le 3 juin 1665.

Du tableau

au texte

Christian Hubert-Rodier

Du tableau au texte

Tarquin et Lucrèce
de Titien

... la collision des corps...

L'homme, dont l'aspect brutal, trapu et massif, est accentué par les vêtements bouffants qui forment un contraste saisissant avec le corps dénudé de la femme, se précipite sur elle en brandissant de la main droite un poignard. La femme, déjà renversée par l'assaut de son agresseur, essaie en vain de le repousser de ses deux bras levés en un mouvement d'effroi contradictoire, tout à la fois d'esquive et de résistance, qui confère au corps une torsion tendant au *contrapposto* cher au maniérisme. Le corps de l'homme, emporté par son élan, semble devoir s'abattre de tout son poids sur celui de sa victime, qu'il a d'ailleurs comme déjà ouvert de force de son genou droit dénudé, levé entre les cuisses de la femme. Le sexe de celle-ci n'est voilé qu'au regard du spectateur, par un drap blanc immaculé, fragile protection contre l'épanchement rouge qui s'y introduit et annonce l'issue sanglante de la collision des corps. La dague visible pointée vers la femme a valeur de membre en érection ; car si l'on ne voit pas le sexe de l'homme, le poignard dégainé le rend présent, littéralement comme ce que l'homme a *derrière la tête* : ce qui tient lieu de pensée au sexe, sa métaphore visible et son anticipation (sa précipitation : sa violence), autant qu'il est le moyen effectif et menaçant de parvenir à ses fins. Le membre « viril » est d'ailleurs caché moins par le vêtement que par le genou replié, qui s'apprête à entrer tel un coin dans le sexe de la femme ; et celui-ci est autant symbolisé que masqué par un ressaut du drap formant une boule blanche, où un pli dessine cependant comme une fente, nœud de chair, de nerfs, d'affects, qui est à la fois l'enjeu du drame et le centre de gravité du tableau : un blanc, un trou dans le tableau.

... les couleurs, les lignes sont des forces...

La composition en diagonale et en X accentue la violence de la confrontation : poussée du triangle supérieur gauche, vectorisé par la ligne acérée de la lame au bout du bras tendu, résistance à la pénétration du triangle inférieur droit (tissus : linge qui pourrait bientôt être teinté de sang, et chair pâle « comme un linge »). La ligne de front — la diagonale du rectangle — court le long des jambes superposées de l'homme, puis le long du bord intérieur de la cuisse droite de la femme, pour remonter en sinuant le long de son buste et se voir à peine détournée par le bras gauche, en un ultime effort pour repousser le triangle « agresseur » et en réduire l'expansion dynamique. Dans le même temps, la ligne de partage se trouve brouillée et franchie, et la conjonction des figures, entrelacs forcé et non enlacement consenti, est déjà amorcée. Le bras gauche qui tient le poignard se trouve prolongé par le bras qui le repousse. Dénudé jusqu'à l'aisselle, il a l'obscénité d'un membre dressé, tandis que, de l'autre bras, l'homme maintient écarté le bras droit de la femme. La diagonale rouge formée par les mollets de l'homme a déjà divisé la ligne des jambes de celle-ci, et s'y est comme introduite et entremêlée par effraction, si bien que les deux triangles se sont compénétrés, et que la ligne de démarcation « diagonale » se trouve infléchie, contrariée et comme soumise à une déviation brutale. Cette torsion témoigne de la violence de l'affrontement des corps et des affects, contraposition irréductible à une géométrie plane et paisible, et que seule une topologie complexe peut donner à voir, froissant et soulevant la surface.

Cette topologie est celle de la couleur : elle se réduit au jeu de trois tonalités fondamentales : rouge, brun-jaune-vert, blanc, et à l'affrontement dramatique rouge/blanc, auquel le camaïeu brun-vert-doré sert de « toile de fond » et de terrain neutre. Le rouge de la culotte et des bas, emblématique d'un tempérament sanguin et sanguinaire, forme comme une sorte de triangle reposant hors champ sur la pointe aiguë du pied « d'appel », et correspond à la partie inférieure du corps de l'homme, qui tranche sur le blanc du drap et le rose pâle de la chair ; alors que la partie supérieure — le pourpoint brun, la barbe et les cheveux brun-roux —, tend, elle, à se fondre dans le fond mordoré, à se confondre avec la tenture, comme si l'homme en fin de compte se trouvait réduit à cette partie « basse », animale et animée — ses jambes, et son sexe —, dont le poignard en haut est le signe et l'organe visible : ce qui lui tient lieu de pensée, et substitut. En face de ce triangle rouge, le triangle blanc formé par la couche où repose le corps de la femme, drap virginal et linceul de mort, est déjà entrouvert et entamé par l'avancée dont le genou dénudé constitue la pointe. Et à la jonction, la chair, l'incarnation, est ce subtil mélange de blanc et de rouge, de la perfection immaculée des tissus, et du sang qui leur donne vie.

Comme le dira plus tard Matisse, les couleurs, les lignes sont des forces, qui se mesurent dans un rapport énergétique : en termes spinozistes, chacune tend à persévérer dans son être, à s'étaler et s'imposer au regard, à aller aussi loin qu'elle le peut, s'épandre et s'étendre autant qu'il est en sa puissance. Peindre, c'est composer ces forces de façon que leur rapport atteigne au maximum d'intensité et de présence, qu'elles se renforcent dans une tension harmonique et ne s'annulent pas : « dans leur équilibre réside le secret de la création », dit encore Matisse.

... Spinoza avait une familiarité certaine avec la peinture...

Dans cette Hollande du XVIIe siècle où, comme un siècle plus tôt à Venise, sont apparus d'immenses peintres (Frans Hals, Rembrandt, Vermeer...), Spinoza, qui pratiquait le dessin pour son plaisir, avait une familiarité certaine avec la peinture : il prie Blyenbergh de lui écrire « au logis de maître Daniel Tijdeman le peintre » ; et lorsqu'il sera contraint de quitter Voorsburg pour La Haye, c'est chez un autre peintre, Van der Spick, qu'il logera jusqu'à sa mort. Si l'on en croit un de ses premiers biographes, il se serait d'ailleurs représenté lui-même, dans l'un de ses dessins au charbon, sous les traits d'« un pêcheur dessiné en chemise, avec un filet sur l'épaule droite, tout à fait semblable, pour l'attitude au fameux chef des rebelles de Naples, Mazianello » : comme s'il avait voulu ainsi manifester l'ambivalence d'un même geste, tenir par-dessus l'épaule une « arme », celle, pacifique et bénéfique, du pêcheur, ou celle, offensive et destructrice pour l'homme, du combattant, bandit de grand chemin et/ou révolutionnaire. Et lorsqu'il s'agit, dans l'*Éthique* (IV, 32), d'illustrer la proposition selon laquelle « dans la mesure où les hommes sont soumis aux passions, on ne peut dire qu'ils s'accordent par nature », puisqu'on ne peut ainsi s'accorder que par la puissance, « mais non par l'impuissance ou par la négation », Spinoza prend tout naturellement l'exemple des couleurs : « Celui qui dit que le blanc et le noir s'accordent seulement en ce que ni l'un ni l'autre n'est rouge, affirme absolument parlant que le blanc et le noir ne s'accordent en rien. » Peindre, justement, est affaire de composition de matières, de corps et d'affects : c'est faire s'accorder sous une même loi raisonnée ces puissances naturelles que sont les couleurs, dont la *valeur* est purement relative : le blanc et le noir, le blanc et le noir *avec le rouge*, de façon que loin de se nier et de se détruire, chacune, dans le rapport aux autres, se renforce, accroisse sa puissance d'être et d'agir, ait plus d'intensité, produise plus d'effet, plus de joie et d'action en corps et âme.

… Sextus Tarquin, dès qu'il voit Lucrèce, est pris d'un violent désir d'abuser d'elle…

Violence redoublée du désir qui recourt à la force pour parvenir à sa fin exclusive : l'assouvissement immédiat. Spectacle érotique né de l'opposition entre le corps nu, entièrement exposé, de la femme, et l'homme habillé, mais scène de violence extrême… Il s'agit ici d'un épisode tiré de l'histoire légendaire de Rome : le viol de Lucrèce, épouse de Collatin, par Sextus Tarquin, fils du roi Tarquin le Superbe, lequel avait lui-même accédé au trône par le meurtre de son oncle. Sextus Tarquin, s'étant introduit la nuit dans la chambre de la jeune femme, abusa d'elle en la menaçant de la tuer en compagnie d'un jeune esclave (dont on entrevoit le visage effrayé sortir du rideau sur le bord gauche), double meurtre qu'il déguiserait ensuite en châtiment subi pour le flagrant délit d'adultère. Pour échapper au déshonneur alors attaché à la femme adultère, même en cas de viol, la malheureuse Lucrèce se poignardera elle-même devant son père et son mari qu'elle a fait venir pour la venger : scène « morale » exaltant la vertu, souvent célébrée, et peinte par Titien au moins à deux reprises, des décennies auparavant (1508 et 1523). La mort de Lucrèce déclencha un soulèvement populaire, qui mit fin au règne sanglant et tyrannique de Tarquin le Superbe, et du même coup à la royauté. Initiant un changement dans lequel Spinoza, à la fin du chapitre 18 du *Traité théologico-politique*, ne voit d'ailleurs que le passage à d'autres formes de tyrannie.

On trouve le récit de cet épisode tragique et de son dénouement chez l'historien latin Tite-Live (*Ab Urbe Condita*, I, 50). On y comprend que Sextus Tarquin, dès qu'il voit Lucrèce, est pris d'un violent désir d'abuser d'elle : car si ce désir est violent, ce n'est pas seulement par son intensité, mais parce qu'il est d'emblée désir de violenter. C'est ce que laisse entendre le texte de Tite-Live : lorsque, à l'occasion d'un pari où les deux cousins Collatin et Sextus Tarquin doivent surprendre leurs épouses respectives pour juger de leur fidélité, ils trouvent Lucrèce modestement assise en train de travailler la laine en compagnie de ses servantes, on lit qu'un désir mauvais (*mala libido*) saisit aussitôt Tarquin de la prendre de force. Car ce désir ne naît pas seulement de sa beauté (*forma*), mais du spectacle de sa vertu (*castitas*) exemplaire. Et c'est cela qui excite son désir, lui confère sa violence, le rend « mauvais », brûlant de passion (*amore ardens*), et le conduira ensuite à forcer Lucrèce pour lui extorquer du plaisir.

Mais c'est sans doute dans les *Fastes* d'Ovide (II, v. 725-852) que Titien, grand lecteur du poète latin auquel il emprunte nombre de sujets dramatiques, où la cruauté se mêle souvent à l'érotisme, trouve sa principale source d'inspiration, et les descriptions visuellement les plus « parlantes », propres à enflammer l'imagination du peintre et inciter en lui le désir de peindre. Le poème insiste en particulier sur la correspondance entre les vertus morales de Lucrèce : l'innocence et la pudeur, et sa beauté (*forma*), sa grâce innocente (*decor*), son teint (*color*) délicat « comme la neige », ses cheveux blonds. Spectacle de la beauté vertueuse et intouchable qui enflamme l'imagination et les sens du jeune homme d'un désir *aveugle*, le rend littéralement fou furieux. Voilà maintenant que, même absente, Lucrèce le hante et tourmente ses sens égarés. Désormais affecté par ce seul objet, obsédé par son image, et ainsi réduit — *déterminé* dirait Spinoza — à n'être qu'une partie de lui-même, la plus basse. Le poète évoque alors la violence que subit, sous la menace du fer tiré de sa gaine/fourreau (ce qui en latin se dit *vagina*), l'épouse vertueuse (*pudica*), « telle une agnelle sous un loup affamé »…

... Comment faire le partage entre le vice et la vertu, le loup et l'agneau ?...

En quoi donc le désir peut-il être mauvais (*mala*), s'il est une donnée naturelle, conforme à la nature singulière d'un individu ? Parce qu'il pousse à une « mauvaise » action ? Mais qu'est-ce qu'une mauvaise action, qu'est-ce qui permet de faire le départ entre « bon » et « mauvais » ? Le bien et le mal existent-ils absolument, constituent-ils des êtres réels, dont nos actions participent tour à tour, et qui permet de les qualifier, et donc de les juger ?

Ce sont ces interrogations qui traversent la correspondance entre Blyenbergh et Spinoza. À ces questions, la réponse constante de Spinoza est que *le* « mal » n'est rien, qu'il n'exprime pas une essence, et ne saurait constituer une faute, cela découlant du principe fondamental de sa philosophie, et de son éthique, énoncé notamment dans l'*Éthique*, (III, prop. 9, scolie), selon lequel le désir est l'essence de l'homme, et qu'ainsi « nous jugeons qu'une chose est bonne, parce que nous faisons effort vers elle, que nous la voulons et tendons vers elle par appétit ou désir » ; à l'inverse, chacun, nécessairement, « éprouve de l'aversion pour ce qu'il juge être mauvais » (IV, 19), et s'efforce de l'éviter. Aussi, une action ne saurait être mauvaise en soi, absolument, mais n'est telle que « comparée à d'autres décisions plus parfaites et témoignant d'un état plus parfait » (lettre 2). Et « la même et unique action est tantôt bonne, tantôt mauvaise » (*Éthique*, IV, 59). Il en va ainsi, par exemple, du geste de *lever le poing pour frapper*, celui-là même qu'accomplit Tarquin : « L'action de frapper, en tant qu'elle est considérée physiquement et que nous considérons le seul fait qu'un homme lève le bras, serre le poing et meut son bras tout entier avec force de haut en bas, est une vertu qui se conçoit par la structure du corps humain. Si donc un homme poussé par la colère ou par la haine, est déterminé à serrer le poing ou à mouvoir le bras, cela vient [...] de ce qu'une seule et même action peut être associée à n'importe quelles images des choses; et par conséquent nous pouvons être déterminés à une même et unique action aussi bien par les images des choses que nous concevons confusément que par les images de celles que nous concevons clairement et distinctement. Aussi est-il clair que tout désir qui naît d'un sentiment qui est une passion ne serait d'aucun usage si les hommes pouvaient être conduits par la Raison. »

C'est ce relativisme *amoral* qui choque Blyenbergh, et qu'il ne peut concevoir. Cela ne revient-il pas en effet à justifier d'avance tous les crimes, tous les vices et les sévices dont l'homme est capable, et mettre sur le même plan le méchant et le juste, et abolir ainsi toute idée de bien ? D'où ses réactions scandalisées : si « bien » et « mal » sont purement relatifs, « pourquoi n'accomplirions-nous pas, sans faire de distinction entre les actes, tout ce dont nous avons envie et ce que nous suggère l'impulsion de la chair » (lettre 3), emportés par « le désir de la volupté » (lettre 5) ? Si le désir est l'essence de l'homme, et qu'est « bon » ce que pose le désir de chacun, comment condamner la violence, le vol et le viol, l'adultère et la luxure, le crime sous toutes ses formes ? Comment faire le partage entre le vice (Tarquin) et la vertu (Lucrèce), le loup et l'agneau, l'agresseur et sa victime ? On dira que ce n'est pas l'action en elle-même qui est mauvaise, puisqu'elle peut être le même geste appliqué à des situations ou des objets différents, mais l'intention dont elle est porteuse. Toutefois, l'intention ne peut être que « bonne », si l'on entend par là qu'elle ne peut viser que ce qu'on se représente comme un bien. Et cependant, frapper quelqu'un, n'est-ce pas toujours un mal en soi ?

Soit donc ce geste générique : bras levé pour toucher, empoigner ou frapper. Ce peut être celui du criminel, du guerrier, ou du joueur de tennis, mais aussi, du cueilleur de fruits ou du pêcheur, du forgeron, du sculpteur. Le couteau, celui du boucher ou du chirurgien, de l'assassin, « volontaire » ou « involontaire » ; mais le peintre à son tour peut l'utiliser aux fins qui sont les siennes : appliquer la couleur sur un support. Voilà autant de gestes comparables : en quoi certains peuvent-ils relever du « mal », si le mal n'est rien, et que ce que l'homme désire ne peut être que bon ? En quoi diffèrent-ils les uns des autres, et en quoi certains peuvent-ils être qualifiés de « mauvais » ? Parce qu'ils constituent des *violences* infligées par les êtres humains à leurs semblables ?

Entre mythe et histoire, les exemples de « mains de vilain » ne manquent pas : Adam cueille le fruit défendu ; Caïn porte un coup mortel à son frère Abel ; nous voyons ici le bras dressé de Tarquin menacer l'intégrité de Lucrèce. Ou, dans les exemples commentés par Spinoza dans la lettre 6, le matricide, commis dans l'histoire de Rome par Néron, mais aussi, dans le mythe, par Oreste « sans mériter une condamnation aussi grave » : car son geste n'est qu'une réaction au meurtre par Clytemnestre de son époux Agamemnon, le père d'Oreste, alors qu'à l'instar de Tarquin, Néron prend l'initiative de la violence, c'est-à-dire de la décomposition. Mais en quoi consiste finalement le crime de Néron ? Uniquement de s'être « montré ingrat, impitoyable et rebelle. Aucune de ces qualifications n'exprime le moins du monde une essence ». Ainsi le mal n'est rien, il n'y a que du mauvais, du plus ou moins parfait.

... Le désir n'est mauvais qu'à la mesure de son excès...

Sans doute doit-on faire le partage entre celui qui fait le mal et celui qui le subit. Que l'action (ainsi le viol) ne soit pas bonne pour la victime, cela va de soi, puisque son corps se trouve décomposé ou détruit. Mais en quoi, lorsque l'un recherche son propre bien aux dépens de l'autre, l'action peut-elle être « mauvaise », et impliquer ce que Tite-Live nomme *mala libido*, pour celui-là même qui commet l'action ?

En rien, sinon qu'il y a là en fin de compte l'échec relatif à un corps désirant à entrer dans un rapport nouveau de composition avec un être semblable qui aurait pu lui être utile. Le désir, en réalité, n'est mauvais qu'à la mesure de son excès : c'est parce qu'il peut avoir des effets déraisonnables, porter à des actions « folles ». « L'amour et le désir peuvent être excessifs » (*Éthique*, IV, 44), rendre les hommes comme « fous », et, avec l'avarice et l'ambition, le désir sexuel (*libido*) peut être comme une sorte de délire, « bien qu'on ne les range pas dans les maladies » : c'est cela qui peut lui conférer une violence destructrice, pour l'objet du désir mais aussi pour le sujet lui-même. Ceci parce qu'il peut par excellence être lié d'une façon exclusive à l'image d'un corps, avec lequel il n'est que désir intense de s'unir, sans qu'il y ait de rencontre et de conjonction favorables, de rapport de composition possible. Et c'est cela qui explique que l'amour, qui en tant que tel ne saurait être un mal, peut souvent en fin de compte, loin de produire la joie, diminuer la puissance d'être et d'agir de celui qui l'éprouve, être porteur de malheur, de passions tristes et destructrices : « L'amour sensuel, c'est-à-dire le désir (*libido*) d'engendrer qui naît de la forme belle (*forma*) et en général tout amour qui reconnaît une autre cause que la liberté de l'âme, se change facilement en haine, à moins, ce qui est pire, qu'il ne soit une espèce de délire, et alors est favorisée la discorde plutôt que la concorde » (*Éthique*, IV, Appendice, chap. 19).

… le méchant n'est au fond que l'insensé…

Aussi le geste qu'accomplit le corps est-il une vertu lorsqu'il se rapporte à quelque chose dont le rapport peut se composer avec le sien. Et le méchant n'est au fond que l'insensé, qui, vivant au hasard de ses impulsions et des rencontres qui suscitent ses désirs comme autant de réactions, court lui-même à sa perte, s'agite et réagit, subit, mais n'agit pas : c'est le viol de Lucrèce qui inexorablement produit l'enchaînement d'événements qui précipitera la chute des Tarquin. Ovide, dans son poème, apostrophait ainsi le misérable : « Pourquoi te réjouis-tu d'avoir vaincu ? cette victoire sera ta perte. » La violence de l'homme tyrannique est à la mesure de son impuissance à se faire aimer, à maîtriser les événements et à (se) dominer. Le tyran est en réalité soumis à des désirs tyranniques, et Tarquin fait son propre malheur. Au contraire, « le désir qui naît de la Raison ne peut être excessif » (*Éthique*, IV, 61), et il est l'essence même de l'homme déterminé à faire ce qui se conçoit adéquatement par sa seule essence, et non affecté par les images troubles de choses extérieures. L'homme actif, vertueux et libre, c'est donc l'homme dont le désir raisonnable est l'effort constant d'ordonner les rencontres de façon favorable, de composer des rapports compatibles avec son essence, et ainsi d'accroître sa puissance. Et ainsi, si les hommes étaient libres, ils ne se formeraient aucune notion du bien et du mal, et n'auraient pas besoin d'« interdits » imaginaires pour se conduire.

… d'où vient le désir de peindre…

L'artiste lui aussi, pour peindre cette scène, a donné des coups… Et si on les prend formellement, et abstraction faite de ce qui en résulte, ce sont bien des gestes analogues, engagés dans un mouvement similaire — celui de *lever le bras sur* —, qui dans un cas, la scène représentée, concourent à ce que la morale commune jugera comme une « mauvaise » action : violence faite à l'intégrité physique et morale d'une personne, en transgression de deux « commandements » : *tu ne tueras point*, et *tu ne convoiteras pas la femme de ton voisin* ; et qui, dans l'autre, la représentation en tant que telle, ont abouti à la production d'une œuvre belle et *bonne* : transformation d'une matière par l'art humain, pour produire une forme proposée au jugement esthétique, susceptible de réjouir l'œil et l'esprit.

Car le peintre, lui aussi, exerce au plus haut point cette « vertu » inhérente à la structure du corps humain qui se manifeste dans l'action de frapper ; lui aussi lève la main, serre le poing et meut avec force son bras tout entier, armé d'un instrument, tantôt de haut en bas, tantôt de bas en haut, pour donner des coups : de pinceau, de couteau, parfois de patte et de griffe, délicats comme une caresse, ou fiévreux, rageurs, frénétiques et furieux, toujours précis et incisifs. Qu'est-ce qui anime le corps peignant, qu'est-ce qui le pousse à se jeter ainsi à l'assaut de la toile vierge, immaculée, à l'entacher de couleur coup par coup, touche après touche, comme pour la forcer à prendre la couleur et la forme de son désir ? D'où vient le désir de peindre, assez violent et exclusif pour qu'on lui consacre toute son énergie, toute sa vie ? Et en quoi le geste investi par ce désir peut-il, lui, être qualifié de « bon », comparé à d'autres formellement semblables ?

… la main qui peint semble accordée à la violence de la scène…

Titien (1488 ?-1576), l'auteur de ce tableau, est le plus grand peintre de son siècle. Il a fait rayonner sur toute l'Europe, avec sa gloire, la « manière vénitienne », héritée de Giorgione, et dont il sera la principal maître, avec ses cadets Véronèse et Tintoret. Cette manière vénitienne s'oppose à l'école florentine, qui donne le primat au dessin. Vasari, le premier historien de la peinture, la caractérise ainsi, non sans certaines réserves : la composition procède par « taches/touches de couleur, sans dess(e)in préconçu », technique particulièrement propre à rendre le coloris de la chair, et le chatoiement des étoffes, mais pouvant à ses yeux comporter une certaine « extravagance ». Et Michel-Ange, l'autre géant du siècle, tout en reconnaissant son génie, déplore chez Titien l'insuffisance du dessin.

Lorsque celui-ci peint ce tableau (qu'on date de 1571, mais dont l'élaboration, au dire même du peintre, a été longue et difficile), il est déjà âgé, mais le « baobab du

Rialto », selon la formule que Sartre lui applique dans l'essai qu'il consacre au grand rival vénitien de Titien, Tintoret, n'a rien perdu de son énergie et de sa puissance créatrice, son appétit pour la vie et pour la peinture est toujours aussi grand. Nul artiste mieux que lui n'a incarné ce que Spinoza pense sous le concept de *conatus* : tout être tend à persévérer dans son être, à être autant qu'il *peut* être ; et si la liberté peut être dite créatrice, c'est qu'elle s'étend aussi loin que le désir et la puissance d'agir. Chez Titien, l'un et l'autre étaient immenses. Il semble même qu'au soir de sa vie de créateur, il trouve comme une nouvelle énergie, une liberté et presque une violence accrues : sa dernière période, dont datent nombre de chefs-d'œuvre, est caractérisée par une touche très libre, fiévreuse, où la forme semble presque se dissoudre toujours plus au profit d'un tissu à la fois chromatique et tactile, pulsatif et vibratile : c'est la « dernière manière » dont parle Vasari, faite toujours plus de ces petites touches/taches de couleur multipliées. Comme si le peintre, désormais très loin de l'harmonie presque apollinienne des œuvres de jeunesse, était saisi d'une ivresse dionysiaque, où la création est à la fois destruction des formes préconçues, animé par une ardeur décuplée par l'approche inéluctable de la mort. Si sa palette se fait plus sombre et ses couleurs moins lumineuses, c'est pour gagner en intensité et en sourds éclats, en coups de griffe rageurs arrachant la couleur aux ténèbres : la facture semble devenir fébrile, la trame splendide des couleurs, qui restitue indifféremment tissus naturels ou artificiels, est comme agitée, déchiquetée, animée par les coups de pinceau ou même directement du bout des doigts, et cette sorte de frénésie chromatique conduit la peinture aux limites de l'informel. Et, comme ce viol de Lucrèce en témoigne, le peintre semble maintenant éprouver une prédilection pour les sujets, religieux ou profanes, où Éros se trouve inextricablement lié à Thanatos, et qui se prêtent à un traitement où la fièvre de la main qui peint semble accordée à la violence de la scène, dans une tension des contraires, entre l'éclat sombre des couleurs, et le clair-obscur, mélange troublant de jouissance et de souffrance, de sensualité et d'horreur, naissant au spectacle des extrêmes auxquels l'homme peut être porté par son désir.

Le texte en perspective

Mériam Korichi

Les mots du texte 85

1. Dieu 86
2. Mal 91
3. Liberté 96

L'œuvre dans l'histoire des idées : Spinoza matérialiste ? **101**

1. Le front de la nouvelle philosophie 102
2. Le mécanisme de Spinoza 105
3. Du mécanisme au matérialisme 108

La figure du philosophe : L'homme libre **111**

1. Naître à Amsterdam en 1632 111
2. L'exclusion de la synagogue en 1656 113
3. La naissance d'une renommée philosophique 115
4. Le parti de la liberté 117

Trois questions posées au texte **122**

1. Dieu est-il cause de tout ? 123
2. Qu'est-ce qu'une imperfection ? 126
3. Tout est-il permis ? 132

Groupement de textes : L'homme méchant **139**

1. Platon, *Gorgias* 140
2. Molière, *Dom Juan* 143
3. Emmanuel Kant, *La religion dans les limites de la raison* 146
4. Friedrich Nietzsche, *La Généalogie de la morale* 148
5. Hannah Arendt, *Eichmann à Jérusalem* 150

Prolongements **153**

Les mots du texte

Dieu, mal, liberté

L'ÉCHANGE ÉPISTOLAIRE présenté ici forme un ensemble cohérent se détachant du reste de la correspondance. Ces lettres ont toutes été écrites en néerlandais sur l'insistance de Guillaume de Blyenbergh, lecteur inconnu de Spinoza, et ce malgré la demande du philosophe qui aurait aimé poursuivre la correspondance en latin (lettre 2). La discussion s'engage ainsi dans une langue que Spinoza n'a pas l'habitude de manier quand il écrit de la philosophie. Il traduira plus tard cette correspondance en latin — la langue philosophique de l'époque —, ce qui signifie que l'auteur reconnaît à cet échange un véritable intérêt philosophique.

La discussion semble bien s'engager pour le philosophe : l'inconnu qui écrit à Spinoza affirme qu'il n'est poussé que « par [l'] amour de la vérité pure », qu'il « s'efforce vers la science » sans « d'autre but que la vérité elle-même ». Spinoza commence donc par répondre de bonne grâce. Mais survient un coup de théâtre dès la deuxième lettre, un complet changement de ton du solliciteur : l'« ami inconnu » se dit « philosophe chrétien », soutient qu'il entend conformer sa pensée à sa foi et entraîne la discussion sur un terrain imprévu. Les mots du texte sont d'abord initiés par Blyenbergh, qui ne connaît pas la philosophie de Spinoza. Ce sont des mots à double détente, dont l'usage révèle chez le solliciteur des habitudes de pensée bien ancrées, forgées par une culture et une pratique religieuses. À cet usage répond la fermeté du langage du philosophe qui permet de faire valoir l'acception proprement philosophique des termes utilisés par Blyenbergh, au premier chef : Dieu, le mal et la liberté.

1.

Dieu

L'idée de Dieu occupe une place centrale dans la discussion entre Blyenbergh et Spinoza. Elle fournit son point de départ et son point d'achoppement. En effet, d'une part, la discussion s'engage à partir de la mise en perspective des rapports entre Dieu et ce qu'il crée, et, d'autre part, une fois engagée, elle met au jour deux conceptions radicalement hétérogènes de Dieu, qui attestent une divergence de vues indépassable entre les deux correspondants.

1. *Le créateur et les créatures*

Blyenbergh, dans sa première lettre, se réfère à l'écrit de Spinoza sur Descartes et affirme être intéressé au plus haut point par la métaphysique, la science des premiers principes pour penser avec ordre ce qui existe. Il semble donc engager une discussion qui respecterait la distinction des domaines théologique et philosophique, pour ne prendre en compte que des arguments et des considérations philosophiques. Aussi le solliciteur commence-t-il par évoquer la doctrine de la création continuée qui met en perspective Dieu, comme créateur tout-puissant, et les créatures non seulement créées originairement par Dieu, mais continuant en outre à exister dans la durée grâce au concours de Dieu, n'ayant pas en elles-mêmes le principe de leur existence. L'acte créateur de Dieu n'est pas seulement requis à l'origine du monde : sa puissance est requise à chaque instant dans le monde, nulle créature (n'étant pas *parfaite*, c'est-à-dire achevée) n'ayant la puissance de se conserver d'elle-même dans l'existence un seul instant. La doctrine évoquée, qui constitue le point de départ de l'échange, est cartésienne. Spinoza l'a reprise et synthétisée dans son « précis » de philosophie cartésienne : « Dieu a créé tout ce qui existe et continue de le créer » (*Principes de la philosophie de Descartes*, I, XII, cor. 1).

Le problème que pose Blyenbergh surgit à propos de la nature du rapport de dépendance qui lie la créature au créateur. Car ce que Dieu crée, ce n'est pas seulement les substances des créatures ou leurs attributs qui font connaître cette substance, mais aussi les actions particulières des créatures. Autrement dit, selon la doctrine de la création continuée, Dieu crée les mouvements, les tendances, les volontés particulières des êtres existants dans la durée. Dans le langage de Blyenbergh, la conséquence de cette doctrine peut se formuler comme suit : Dieu *veut* toutes les volontés et actions particulières des hommes — dont celles d'Adam. Or l'action de goûter le fruit de la connaissance était défendue à Adam. De deux choses l'une alors : soit cette action n'était pas défendue à Adam (elle ne doit donc plus être considérée comme un mal), soit Dieu se contredit, et agit contre sa parole (sa volonté).

2. *La perspective philosophique : Dieu comme cause*

Dans le langage de Spinoza, Dieu peut être considéré comme la cause de ces déterminations particulières. Une conséquence est bonne dans le propos de Blyenbergh : Dieu est la cause de la décision et de la volonté d'Adam. En effet, si l'on peut reconnaître sous les mots « volonté ou décision d'Adam » une affirmation réelle, quelque chose de positif, cette proposition est conforme au principe que pose le philosophe : « Dieu est cause absolument et réellement de toutes les choses, quelles qu'elles soient, qui possèdent une essence » (lettre 6). Et on attribue à la décision d'Adam une essence puisqu'on peut la considérer en elle-même et voir qu'elle affirme quelque chose qui peut être défini. C'est donc quelque chose et non pas rien. Spinoza fait valoir dans sa première lettre que cette perspective empêche que l'on considère réellement une chose comme un mal, puisque, si on prend le temps de bien y réfléchir, ce qui existe ne renvoie pas à la dualité du bien et du mal, mais à l'opposition conceptuelle entre l'être et le non-être qui a comme corollaire l'opposition de l'entendement (concevoir les choses qui sont réellement) et de l'imagination (se figurer des choses qui ne sont que dans son esprit).

Il faut ainsi prendre la mesure de la contradiction que renferme l'idée selon laquelle quelque chose pourrait arriver contre la volonté de Dieu, contradiction encore plus inconcevable s'il s'agit d'une volonté que l'on impute à Dieu, comme la volonté qu'Adam ne mange pas du fruit défendu : « admettre que quelque chose puisse arriver contre la volonté de Dieu, qu'ayant un désir il n'ait pas le pouvoir de le satisfaire et que sa nature, comme celle d'un être créé, le porte à éprouver de la sympathie pour certains modes et de l'antipathie pour d'autres [...] ce serait attribuer à Dieu une grande imperfection » (lettre 2). Le raisonnement ici retourne l'argument du correspondant contre lui-même puisque celui-ci considère sans aucun doute Dieu comme incarnant une absolue perfection. Ce que le philosophe met alors en cause, c'est le langage de Blyenbergh qui est impropre à la philosophie parce qu'il ne s'aperçoit pas de ses propres contradictions. Ce faisant, Spinoza met en évidence le caractère *anthropomorphique* du point de vue qui consiste à affirmer que l'homme pèche ou commet une faute envers Dieu. Et ce point de vue, justement, ignore qu'il met à contribution une vision toute imaginative de Dieu qui est conçu sur le modèle d'un roi ou d'un juge qui a beaucoup de pouvoir (lettre 4). Mais si l'on peut aller contre la volonté d'un roi ou d'un juge (la transgression est là possible), on ne peut aller contre la volonté de Dieu en ce sens que la volonté de Dieu, c'est son entendement et sa puissance. Autrement dit, il ne faut pas concevoir la volonté de Dieu à partir de l'idée que nous avons de la volonté humaine (formée à partir de l'observation des hommes, de leurs atermoiements et de leurs actions). Ainsi la définition de Dieu que Spinoza fera valoir dans la première partie l'*Éthique* déjouera toute figuration *psychologique* de Dieu. Cette définition fait l'objet d'une *proposition* (la onzième du livre et non pas la première) : elle est le fruit d'une construction conceptuelle méthodique et, en ce sens, elle ne se range pas parmi les vérités évidentes (axiomes) et exige du lecteur tout un travail d'apprentissage d'une nouvelle syntaxe logique, notamment pour se défaire des idées reçues et des images héritées de la religion et de la théologie.

3. *La perspective théologique : transcendance du créateur, et culpabilité humaine*

Spinoza donne à son correspondant des éléments éclairant ses propres conceptions (et non plus seulement celles de Descartes) qui ne manquent pas de choquer Blyenbergh, comme en témoigne sa deuxième lettre. Cette réponse, emportée, inspirée, de celui qui se proclame alors « philosophe chrétien » réagit à la conception que se fait Spinoza de la Bible. En effet, la première lettre de Spinoza porte une charge contre l'Écriture si on la considère comme un outil de connaissance et comme véhiculant une doctrine conforme à la vérité, car pour le philosophe, l'Écriture donne précisément un parfait exemple d'un point de vue et d'un langage tout anthropomorphiques. Et Spinoza ne cessera d'être très clair à ce sujet : « Les hautes spéculations n'ont, je crois, rien à voir avec l'Écriture. Pour ce qui me regarde, je n'y ai jamais appris ni pu apprendre aucun des attributs de Dieu », affirme-t-il à Blyenbergh (lettre 4). L'opposition de Blyenbergh et de Spinoza tient notamment au fait que Blyenbergh prend la Parole biblique comme contenant une vérité objective, et non comme un texte à interpréter.

Spinoza comprend vite que ce qui l'oppose à son correspondant résulte d'une divergence de vues profonde concernant l'idée de Dieu. Face à la conception philosophique, s'affirme une conception théologique à la fois empreinte de crainte et d'effroi à l'idée de Dieu et remplie de l'espoir d'une vie magnifique dans l'au-delà, comme en témoigne l'enthousiasme tout à fait religieux de la fin de la lettre 3. Il y a dans la conception théologique une révérence à l'égard de la *lettre* du texte de la Bible considérée comme une *révélation* (révélation du sens de la destinée humaine, des devoirs des hommes et de ce qu'ils peuvent espérer). Cette conception procède d'une attitude intellectuelle particulière : l'humilité. D'où la déclaration de principe de Blyenbergh qui prétend qu'en cas de désaccord entre la lumière naturelle (l'entendement humain) et le Verbe divin (tel qu'il est contenu dans l'Écriture), il respectera obligatoirement le second comme lui étant supérieur, puisqu'il n'est qu'un homme ayant déchu par « sa propre faute ». La conception théologique de Blyenbergh affirme donc, d'un côté, la transcendance divine (et le fait que Dieu ne peut être compris par l'entendement humain très limité) et, de l'autre, la culpabilité humaine, en raison de la faute originelle du premier homme dont toute sa descendance a hérité.

C'est donc peut-être en vain que Spinoza, dans son avant-dernière lettre à Blyenbergh, essaie de faire valoir à ses yeux une distinction des domaines : « Je voudrais montrer encore que nous ne devons pas, quand nous parlons en philosophes, user des phrases de la théologie : puisqu'en effet la théologie représente Dieu, fréquemment et sans inadvertance, comme un homme parfait, il y a lieu en théologie de dire que Dieu a des désirs, que les œuvres des méchants l'affligent [...] ; mais en philosophie, sitôt que nous avons perçu clairement qu'il est tout aussi inadmissible de conférer à Dieu les qualités pouvant rendre un homme parfait [...] ces manières de dire et toutes celles qui leur ressemblent ne conviennent plus [...]. Donc, parlant en philosophes, nous ne dirons jamais que Dieu attend quelque chose de quelqu'un » (lettre 6).

2.

Mal

1. *À l'origine du mal : le sens fixé par la Bible*

La conception des rapports (de dépendance) entre la créature et le créateur que met en avant Spinoza à la suite de Descartes dans les *Principes de la philosophie de Descartes* est pour Blyenbergh problématique. Elle met en question sa façon de considérer l'idée de mal. Remarquons bien ici que la question que soulève Blyenbergh dans sa première lettre n'est ni « Le mal existe-t-il ? », ni « Pourquoi le mal existe-t-il ? ». La question de Blyenbergh s'apparente plutôt à celle-ci : « Quelle est la cause *immédiate*, ou la plus prochaine, du mal ? » Premièrement, cela signifie que sa question, dans la mesure où elle est explicitement posée sur le terrain de la métaphysique, présuppose qu'il y a une légitimité du concept de mal en métaphysique, ou en philosophie première. Mais, deuxièmement, dans la mesure où le correspondant de Spinoza s'appuie sur la référence biblique, cela signifie que la question a aussi des présupposés théologiques.

Nous verrons plus bas comment Spinoza répond sur la légitimité de la notion de mal en philosophie première, comment cette notion aux yeux du philosophe ne peut prétendre au statut de notion *première*, c'est-à-dire claire, distincte et évidente par elle-même. Quant au second point, il est évident que l'exemple de la volonté et de l'action d'Adam tiré de la Genèse n'est pas un exemple parmi d'autres pour Blyenbergh ; il est l'exemple paradigmatique illustrant ce que l'homme doit concevoir sous la catégorie de mal. Reprenons le raisonnement de Blyenbergh. Si la créature est déterminée dans toutes ses volontés et actions singulières par Dieu, de deux choses l'une : soit les actions que nous nommons mauvaises ne sont pas un mal, soit il faut imputer à Dieu le mal en question. Or, quelle est ici la fonction de la référence biblique qui suit la formulation du problème ? Elle est stratégique. Il s'agit d'abord de forcer le philosophe à reconnaître qu'il serait absurde d'affirmer que la volonté d'Adam de manger du fruit défendu et la transgression qui en découle ne sont pas un mal, alors que la Bible, texte sacré, les caractérise sans équivoque comme un mal. Voire plus, comme *le* mal, le mal moral, l'origine de tous les maux, comme le symbolise la fin de la Genèse qui décrit la séparation des règnes céleste et terrestre, et explique la souffrance du monde comme le mal subi à cause du mal commis. Ensuite, cela étant acquis, il s'agit d'acculer le philosophe à reconnaître que s'il maintient son affirmation concernant la dépendance des créatures à l'égard de Dieu, le mal doit être imputé à Dieu : « Dieu est la cause immédiate de ce mal » (lettre 1). Que cela soit encore plus absurde, « de digestion difficile » ou inadmissible aux yeux de Blyenbergh, ne saurait faire aucun doute. Or le fait que celui-ci, qui s'autoproclamera dans sa deuxième lettre « philosophe chrétien », n'entreprenne aucune *défense* de Dieu en arguant de sa bonté de principe, à ce moment-là, signale qu'il est certain d'avoir mis Spinoza en face d'une impossible affirmation (scandaleuse) et d'avoir mis au jour par là même les contradictions de la perspective philosophique développée dans les *Principes de la philosophie de Descartes.*

2. *Privation et négation : mise en cause de la légitimité du concept de mal*

La réponse de Spinoza est remarquable. Sans doute très inattendue pour Blyenbergh au vu du ton et du zèle déployés dans sa seconde lettre. Spinoza déjoue d'emblée la stratégie argumentative de son solliciteur en affirmant que s'il posait lui-même le problème dans ces termes, il arriverait au même raisonnement. C'est donc que le problème est mal posé. En particulier, il s'agit pour Spinoza de relever l'usage non critique que fait Blyenbergh de la notion de mal et de lui rétorquer : « Mais vous n'expliquez pas ce que vous entendez par le mal, et, dans la mesure où il est possible de le conclure de l'exemple que vous donnez : une certaine volonté déterminée d'Adam, vous semblez avoir en vue, quand vous parlez du mal, la volonté elle-même en tant qu'elle est conçue comme déterminée de telle ou telle façon ou est contraire au commandement de Dieu » (lettre 2). Voilà le mal ramené à une acception concrète : la volonté d'Adam considérée comme mauvaise en tant qu'elle est contraire à la volonté de Dieu. Or, pour Spinoza, la volonté d'Adam, étant déterminée par Dieu, ne peut pas aller contre la volonté de Dieu. En ce sens, l'homme ne peut pas commettre de faute envers Dieu, ou pécher.

Spinoza met en œuvre à cette occasion une distinction entre deux types de points de vue, distinction qui aide à comprendre son analyse de la notion de mal. Il y a le point de vue de la réalité, c'est celui de la totalité (de tous les systèmes de causes et d'effets), c'est le point de vue de Dieu. Et il y a le point de vue de l'individu (ou d'un ensemble d'individus qui partagent des idées semblables), c'est le point de vue de l'entendement humain, nécessairement « localisé » (duquel émane une vision *particulière*) et donc nécessairement limité ou partiel. Le point de vue de l'*entendement* humain, mis en avant ici par Spinoza, est notamment constitué par des idées *générales*, et par conséquent *abstraites*. L'exemple que prend Spinoza dans sa première réponse n'est pas neutre : l'idée générale d'*homme* (qui elle non plus, donc, ne peut figurer au rang des notions premières de la philosophie — il s'agit plutôt d'une notion problématique quant au contenu de sa définition). Voilà comment se forme l'idée d'homme : « Cette appellation a pour origine l'habitude où nous sommes de joindre ensemble tous les individus du même genre, par exemple tous ceux qui ont la forme extérieure de l'homme, de donner de ce genre une définition que nous croyons convenir à tous. » Remarquons ici que ce mode de raisonnement (la généralisation), loin d'être l'apanage des philosophes, est absolument commun. Or ce raisonnement a des conséquences pratiques pour le jugement : étant donné la présupposition d'une définition (ou essence) commune, « les hommes », nous avons coutume « de juger ensuite que tous sont également aptes à la perfection la plus haute que nous puissions déduire de cette définition. Quand nous en trouvons un dont les œuvres sont en désaccord avec cette perfection, nous disons qu'il en est privé et qu'il s'écarte de sa nature ». Ainsi naît l'idée de *privation* qui suppose donc que lorsqu'on constate l'*absence* d'une qualité (attribut) chez un individu, on déduit un *manque*, un manquement, un défaut, une défaillance. On croit discerner un écart anormal entre ce qu'il devrait penser, faire, vouloir, et ce qu'il pense, fait et veut en réalité. Or cet écart n'existe que pour un point de vue orienté qui *compare* la réalité à une idée qui n'existe que dans l'esprit de l'individu qui a ce point de vue. Ainsi, selon le point de vue de la réalité (de Dieu), ce qui apparaît à nos yeux comme une privation n'est en réalité qu'une *négation*. Spinoza définit donc la privation comme « un être de raison », une « manière de penser que nous formons quand nous comparons les choses entre elles » (lettre 4). Ainsi le mal que le premier homme a commis, selon la Bible, consiste principalement à avoir manqué d'une volonté contraire au désir de goûter du fruit défendu. Autrement dit, ce mal n'est rien réellement de positif.

Spinoza peut donc conclure que non seulement Dieu n'est pas cause de la volonté d'Adam en tant qu'elle est considérée comme mauvaise, mais en outre, que cette volonté, considérée en elle-même (c'est-à-dire selon ce qu'elle affirme réellement), n'affirme absolument rien de mal.

3. *D'Adam à Néron*

Mais Blyenbergh tient à la notion de mal. Le ton de protestation et le zèle mis à développer plusieurs stratégies d'argumentation dans sa deuxième lettre en témoignent. Pourquoi ? Parce que de la légitimité de cette notion semble dépendre la légitimité de l'effort moral et de la discipline religieuse pour se rendre *meilleur*. Si l'on nie absolument le mal, de ce point de vue, c'est que tout est bon et que tout est permis. Se dévoile à cette occasion le système de croyances de Blyenbergh : il n'est nul besoin pour lui de procéder à une défense de Dieu (appelée théodicée dans l'histoire de la philosophie), même s'il affirme l'existence du mal, car il est convaincu de ce que l'homme est *coupable* et responsable devant Dieu de son état de déchéance. D'où la présence insistante dans le propos du correspondant de Spinoza d'un vocabulaire de la faute et de la responsabilité humaines, d'où la référence à Adam qui permet de ramener à son origine le mal moral dont souffre l'homme et de rendre nécessaire l'idée de châtiment comme étant la juste conséquence de l'hérédité de l'homme. Si l'on ôte le mal, on ôte la perspective du châtiment, et alors l'action juste, vertueuse, dans un monde qui n'est pas régi par le principe moral, devient vaine et insensée (vide de sens). Et on perd tout espoir d'atteindre à un état meilleur.

Ce point de vue qui consiste à donner du sens au monde par le système de la faute (dont Dieu n'est aucunement responsable puisque c'est l'œuvre de notre volonté) et de la punition (l'œuvre de la justice divine) s'inscrit dans une tradition de pensée chrétienne, à laquelle notamment a fortement contribué saint Augustin. Le point de vue qui consiste à poser le problème moral que soulève l'affirmation que le monde n'a pas pour fin une fin morale (par exemple, le triomphe de la justice) se rencontre chez Platon (en particulier dans le livre II de la *République*) et on le retrouvera chez Kant. On le voit, Blyenbergh a d'illustres prédécesseurs et successeurs.

Or Spinoza, dans sa dernière réponse fournie (lettre 6), ne désarme pas : « Je crois avoir suffisamment montré que ce qui donne au mal, à l'erreur, au crime, leur caractère d'acte mauvais ou criminel et de jugement faux, ce qu'on peut appeler la forme du mal, ne consiste en aucune chose qui exprime une essence. » Suit alors la considération d'un exemple : le matricide de Néron, auquel est comparé celui d'Oreste. On remarque d'abord qu'avec ces exemples empruntés à la littérature et à l'histoire, Spinoza change de terrain : il quitte le terrain théologique pour le terrain de la culture *commune* qui structure une expérience commune des hommes. Le matricide en soi n'est pas un crime. Donc aucun des deux matricides ne peut être considéré comme un crime en soi, ou au regard de Dieu. Spinoza distingue les deux matricides pour mieux étayer sa thèse selon laquelle un crime n'exprime aucune essence. Prenons le matricide de Néron qui est plus considéré comme un crime que celui d'Oreste. Ces matricides sont considérés différemment en raison des idées différentes que les hommes leur associent respectivement. À l'action d'Oreste, ils associent les idées d'acte nécessaire et juste (conformes aux codes de la tragédie) ; à l'action de Néron, ils associent l'idée d'un individu ingrat, impitoyable et rebelle. Or ces qualificatifs n'expriment que le point de vue des hommes sur ce geste (véhiculé par la littérature et les chroniques des historiens). Autrement dit, « aucun de ces caractères n'exprime quoi que ce soit d'une essence », mais seulement des points de vue.

3.

Liberté

1. *La différence entre le juste et l'injuste*

Quelque chose dans l'idée de la possibilité de commettre le mal, de fauter, d'aller contre un principe (moral) semble attester l'existence d'une volonté libre chez l'homme. Comme s'il dépendait de lui de commettre le crime ou de s'en abstenir en dernière instance. La distinction du juste et de l'injuste, de la vertu et du vice, paraît dépendre de la possibilité de reconnaître à l'homme une faculté de libre autodétermination car, si on nie l'existence d'une telle liberté, il ne semble y avoir aucune *valeur* à agir vertueusement (et à s'abstenir du mal).

C'est ainsi qu'à l'affirmation de Spinoza selon laquelle, s'il s'abstient des crimes, « c'est que le crime répugne à [s]a nature singulière » (lettre 4), Blyenbergh rétorque que s'il s'en abstient, ce n'est pas parce que ce sont des vices, et que d'autres à sa place, sans la perspective d'une règle morale objectivement fondée, ne s'en abstiendraient pas. Autrement dit, le philosophe ne fait que suivre sa nature et non un choix rationnel et moral de renoncer aux vices. La conséquence est bonne : pour Spinoza, chacun suit sa pente qui est déterminée par ses propres tendances et par l'influence des causes extérieures. Le « méchant » ne fait pas le choix de la méchanceté et le juste ne fait pas le choix de la justice, tous deux suivent les déterminations de leur nature respective. « Bien plus, comme ils ne connaissent pas Dieu, [les méchants] ne sont qu'un instrument dans la main du divin ouvrier, et un instrument qui sert à son insu et se détruit en servant, tandis que les bons servent en le sachant et se rendent plus parfaits en servant » (lettre 2).

2. *Les hommes « semblables à de la matière brute » ?*

S'il n'appartient pas à la puissance de l'individu d'agir autrement qu'il ne le fait, étant donné la façon dont il dépend de Dieu ou de la nature, comment pourrait-on désormais parler d'une liberté de la volonté ? À quel usage la volonté est-elle destinée ? Cette question est d'autant plus problématique que l'on a l'habitude de mettre au principe de l'action humaine la volonté ; elle permet d'imputer l'action à l'individu, de l'en rendre responsable. La perspective spinoziste peut plonger dans le désarroi théorique, comme le montre la réaction de Blyenbergh, stupéfait : « Si [...] je dépends de Dieu de telle façon que je ne puisse faire acte de volonté ni dans les limites de l'entendement ni au-delà de ces limites qu'à proportion de l'essence qui m'a été accordée par Dieu, et qu'autant que sa volonté en aura ainsi décidé, *comment, si l'on y pense, pourrai-je jamais user de la liberté de ma volonté ?* » (lettre 3 ; les termes en italiques des citations sont désormais soulignés par nous). Si est niée à l'homme la possibilité d'user librement de sa volonté, en quoi son action diffère-t-elle de celle des bêtes ou des minéraux ? C'est la conséquence que met en avant Blyenbergh à la manière d'une provocation.

C'est que la possibilité de liberté humaine (définie par la liberté de choix du vouloir) est tout à fait essentielle pour Blyenbergh car c'est la seule manière de « sauver » le mal : en tant que la volonté est conçue comme pouvant déterminer les choix et se déterminer elle-même (absolument), elle permet d'éviter une régression causale à l'infini, et d'imputer sans détour l'intégralité de la responsabilité à l'homme. L'affirmation de la liberté de la volonté humaine permet d'innocenter Dieu et de rendre compte de la cause du mal, comme l'a avancé saint Augustin dans *Le libre arbitre* (I, 1) et dans les *Confessions* (VII, 3).

3. *Négation du libre arbitre : Spinoza s'oppose à Descartes*

Sur ce point, Spinoza s'oppose à la tradition chrétienne et à Descartes. Il se désolidarise par conséquent du compte rendu qu'il a fait de l'œuvre du philosophe dans les *Principes de la philosophie de Descartes*, seul ouvrage que Blyenbergh ait lu de Spinoza. Mais la divergence de point de vue est cependant annoncée dans la préface à cet ouvrage : au moment où Spinoza a rédigé ce précis de philosophie cartésienne, il avait déjà une tout autre conception de Dieu, de l'âme humaine, de la volonté et de l'erreur. Ainsi ces phrases tirées des *Principes de la philoso-*

phie de Descartes ne sont pas à mettre au compte de la pensée de Spinoza : « Notre volonté n'est déterminée par aucune limite [...] comme la volonté est libre de se déterminer, il s'ensuit que nous avons le pouvoir de contenir notre faculté d'affirmer dans les limites de l'entendement et par suite de faire que nous ne tombions pas dans l'erreur ; d'où il suit très évidemment qu'il dépend du seul usage de la liberté que nous ne nous soyons jamais trompés » (I, 15, scolie). Ce texte renvoie à la conception cartésienne du libre arbitre et de l'erreur qui relève de la liberté du vouloir (façon d'en disculper le Dieu vérace des *Méditations métaphysiques*). C'est pourquoi la préface de l'ouvrage publié par Spinoza nous avertit : « Notre Auteur a seulement voulu exposer les idées de Descartes et leurs démonstrations [...]. Qu'on ne croie donc pas qu'il fasse connaître ici ses propres idées ou même des idées qui aient son approbation. S'il en juge vraies quelques-unes, et s'il reconnaît en avoir ajouté quelques-unes de lui-même, il en a rencontré beaucoup qu'il rejette comme fausses et auxquelles il oppose une conviction profondément différente. Pour donner de ces dernières *un exemple seulement entre beaucoup d'autres,* je citerai ce qui est dit de la volonté dans le scolie de la proposition 15, partie I [...]. Il n'estime pas en effet que la volonté soit distincte de l'entendement et encore bien moins qu'elle soit douée de la liberté que lui attribue Descartes. » Autrement dit, Spinoza nie que la volonté soit une faculté (distincte) de l'homme, niant son indépendance (et la possibilité d'indifférence que lui reconnaît Descartes). Spinoza nie le libre arbitre. Il faut ici renvoyer à la proposition de l'*Éthique* qui formule la thèse de Spinoza : « Dans l'esprit il n'y a aucune volition, autrement dit aucune affirmation et négation, à part celle qui enveloppe l'idée » (II, 49).

Spinoza, face à Blyenbergh, évoquant la profonde divergence de vues entre lui et Descartes (« je n'admets aucunement cette liberté conférée à l'âme par Descartes », déclare-t-il dans la lettre 4), n'approfondit pas son point de vue, manifestant le regret d'avoir quelque peu dévoilé l'originalité de sa thèse face à un interlocuteur qui était à ses yeux bien loin de pouvoir la comprendre. Il préfère mieux expliquer la conception cartésienne que provoquer l'incompréhension et l'indignation. Il lui paraît important, quoi qu'il en soit, que Descartes soit bien compris, notamment en ce qui concerne sa conception de la liberté d'indifférence. Ainsi Spinoza prend-il la peine de souligner, conformément à l'esprit cartésien : « Notre liberté n'est pas de la contingence non plus que de l'indifférence, elle consiste dans la façon d'affirmer ou de nier ; c'est-à-dire que moins nous sommes indifférents quand nous affirmons ou nions quelque chose, plus nous sommes libres. »

L'œuvre dans l'histoire des idées

Spinoza matérialiste ?

LA CORRESPONDANCE AVEC BLYENBERGH souligne l'écart entre l'attitude philosophique et l'attitude religieuse. Dès le début, la pensée de Spinoza pose problème à la religion. D'abord exclu de la synagogue et de la communauté juive, il est attaqué ensuite par les tenants de la théologie, calviniste avec Blyenbergh, catholique avec Albert Burgh, un ancien disciple converti au catholicisme, qui lui adresse une lettre offensive pleine d'accusations et l'exhortant à abandonner ses thèses (lettre du 11 novembre 1675). Mais les ultras, les orthodoxes, les radicaux religieux ne sont pas les seuls à réagir vivement aux « vues » de Spinoza, comme le montre l'exemple de Blyenbergh, qui est loin d'être fermé au raisonnement philosophique, ou encore celui de Lambert de Velthuysen, l'introducteur de la pensée de Hobbes aux Pays-Bas, qui dénonce l'athéisme de Spinoza. Cette accusation d'athéisme fera carrière et poussera un nombre considérable de penseurs à réfuter l'auteur du *Traité théologico-politique*. C'est ainsi que le philosophe et savant allemand Leibniz (1646-1716) songera à produire une réfutation de ce livre dans un ouvrage au titre évocateur : *Demonstrationes catholicae*. Spinoza, cependant, se défendra toujours avec vigueur d'une telle accusation, l'athéisme lui paraissant impliquer une position éthique à laquelle il ne peut s'identifier, et qui renvoie plutôt au courant libertin. Il est sûr néanmoins que Spinoza, non sans prudence, ne cache pas ses idées et qu'il les expose clairement, même à un adversaire irréconciliable. Le projet du *Traité théologico-politique* était conçu par Spinoza comme une défense de ses positions qui ne devaient pas à ses yeux passer pour de l'athéisme.

Mais il est incontestable que Spinoza nie la réalité en soi du mal et met par conséquent en cause le fondement même de la morale et de la religion. Il introduit l'idée de nécessité au fondement de la conception de Dieu, de la nature et des agissements des hommes. Il définit de la sorte Dieu par une nécessité productrice et considère les actions des hommes comme entièrement déterminées par des séries causales antécédentes. Le problème, que révèlent les incompréhensions et les attaques innombrables dont Spinoza a été l'objet, concerne donc la difficulté dans cette perspective à accorder une place déterminante à l'idée de spiritualité fondée sur la conception d'une âme séparée du corps et lui survivant. Y aurait-il en ce sens un certain matérialisme de Spinoza ? Il s'agit ici de situer la pensée de Spinoza et son héritage en mettant à profit les indications qu'il fournit lui-même (notamment dans la correspondance) quant à sa conception de l'histoire de la philosophie et des idées.

1.

Le front de la nouvelle philosophie

1. *Les références classiques de Spinoza : illustrer l'expérience commune*

Spinoza cite très peu d'autres philosophes. Comme il l'affirme dans sa première lettre à Henri Oldenburg qui l'interroge sur les erreurs que le philosophe trouve dans les philosophies de Descartes et de Bacon, il n'a pas coutume de « signaler les erreurs commises par d'autres » (réponse à la lettre de Henri Oldenburg du 16-26 août 1661). Cependant, Spinoza ne se conforme pas toujours à cette « coutume » et l'on trouve dans les lettres et dans son œuvre quelques références précieuses qui permettent d'identifier une position philosophique à partir d'une configuration d'auteurs et de courants de pensée qu'il considère comme proches de sa pensée ou opposés. Il y a une première catégorie d'auteurs auxquels Spinoza se réfère, et auxquels même il emprunte beaucoup : les auteurs latins classiques. Spinoza veut faire le lien entre sa philosophie et une expérience et une culture communes.

2. *Les lignes de partage dans l'histoire de la philosophie : des partis qui s'affrontent*

Si l'on compare le nombre de citations des auteurs classiques et le nombre de citations de philosophes à proprement parler, force est de constater que Spinoza a des réserves à l'égard des philosophes et de leurs systèmes. Il n'est que de lire le premier paragraphe du *Traité politique*, son dernier ouvrage, pour se convaincre de la méfiance du philosophe à l'égard des philosophes : « Les philosophes conçoivent les affections qui se livrent bataillent en nous, comme des vices dans lesquels les hommes tombent par leur faute, c'est pourquoi ils ont accoutumé de les tourner en dérision, de les déplorer, de les réprimander, ou, quand ils veulent paraître plus moraux, de les détester. […] Ils conçoivent les hommes en effet, non tels qu'ils sont, mais tels qu'eux-mêmes voudraient qu'ils fussent : de là cette conséquence, que la plupart, au lieu d'une Éthique, ont écrit une Satire, et n'ont jamais eu en Politique de vues qui puissent être mises en pratique […]. Entre toutes les sciences, donc, qui ont une application, c'est la Politique où la théorie passe pour différer le plus de la pratique, et il n'est pas d'hommes qu'on juge moins propres à gouverner l'État, que les théoriciens, c'est-à-dire les philosophes. »

Par où l'on voit Spinoza affirmer résolument un parti pris pragmatique contre tous les points de vue moraux et théoriques attribués aux philosophes, qui semblent rivaliser dans le rejet de la nature et de la réalité. Cette méfiance concerne fondamentalement la conception de la nature de l'homme, et notamment la conception de la nature de ses affections, ou les passions humaines. Spinoza a un précurseur sur ce point : Descartes. Celui-ci, en effet, caractérise de la sorte son intention dans le *Traité des passions de l'âme* : « Mon dessein n'a pas été d'expliquer les passions en orateur, ni même en philosophe moral, mais seulement en physicien » (lettre du 14 août 1649). En d'autres termes, Descartes entend traiter d'abord des causes des passions. La perspective est, pour le dire d'un mot, scientifique. C'est la raison pour laquelle Spinoza considère Descartes à part, malgré les oppositions entre les deux philosophies.

Descartes a en effet un statut particulier pour Spinoza, qui le mentionne fréquemment et spontanément (le nombre de références à Descartes dans l'œuvre de Spinoza est supérieur au nombre de références à tous les autres auteurs pris ensemble). Mais aux côtés de Descartes, on trouve aussi mentionnés Bacon (dans les lettres à Henri Oldenburg) et Machiavel (*Traité politique*, V, 7, et X, 1). Descartes (au premier chef), Bacon et Machiavel semblent constituer pour Spinoza le front d'une philosophie nouvelle — celle avec laquelle il considère avoir des points de convergence.

Ainsi se définit une position philosophique. Mais celle-ci se caractérise notamment par son opposition à une autre position, un autre « front ». L'histoire de la philosophie semble se diviser entre deux courants, selon la réponse que fait Spinoza en 1674 à Hugo Boxel qui se réfère à l'autorité de Platon et d'Aristote pour soutenir l'idée qu'il existe des spectres : « L'autorité de Platon, d'Aristote, etc., n'a pas grand poids pour moi : j'aurais été surpris si vous aviez allégué Épicure, Démocrite, Lucrèce ou quelqu'un des Atomistes et des partisans des atomes. Rien d'étonnant à ce que des hommes qui ont cru aux qualités occultes, aux espèces intentionnelles, aux formes substantielles et mille autres fadaises, aient imaginé des spectres et des esprits et accordé créance aux vieilles femmes pour affaiblir l'autorité de Démocrite. »

3. *La position de Spinoza*

Spinoza affirme donc ici qu'il n'a aucune estime pour les traditions platonicienne et aristotélicienne. Il ne considère même pas nécessaire d'analyser l'idée de « formes substantielles », conçue par lui comme occulte et donc en deçà de ses préoccupations. En revanche, l'atomisme ancien semble être plus proche de ce qui l'intéresse, ou du moins s'y réfère-t-il avec plus d'égard. La raison de cet égard ne s'explique sans doute pas par un « atomisme » au sens strict de Spinoza, car le philosophe s'oppose aux atomistes modernes, comme on le voit dans la discussion qui l'oppose à Boyle sur une question de chimie (la nature du nitre). Si Spinoza s'oppose aux « épicuriens modernes » (Boyle, Gassendi), c'est qu'il partage l'idée cartésienne selon laquelle il n'y a pas de vide dans la nature car le rien ne peut pas avoir de propriétés (lettre à Oldenburg du 17-27 juillet 1663). Alors, si Spinoza tient manifestement en estime les atomistes anciens, bien qu'il ne partage pas les vues des atomistes modernes, c'est qu'ils lui apparaissent avant tout comme des défenseurs d'un point de vue scientifique, des défenseurs des sciences de la nature, face aux obscurantismes et pensées superstitieuses ou occultes.

2.

Le mécanisme de Spinoza

1. *L'importance de la science moderne*

Il y a une autre catégorie de références que l'on trouve dans les ouvrages de Spinoza, et en particulier dans ses lettres. Ce sont les références aux scientifiques contemporains (physiciens pour la plupart). La correspondance avec Henri Oldenburg, secrétaire de la scientifique Royal Society de Londres, témoigne de cet intérêt, ou plutôt de l'importance cruciale que Spinoza accorde aux recherches et aux avancées de la science contemporaine, qui commence à s'occuper exclusivement d'expliquer les phénomènes de la nature à partir de l'idée de lois naturelles qu'il faut découvrir, expliciter et formaliser. Les chercheurs en sciences de la nature — physique et astronomie principalement — qui retiennent l'attention de Spinoza sont Huygens (1629-1695), Torricelli (1608-1647), Kepler (1571-1630), Galilée (1564-1642). Les sciences mathématiques et physiques initient alors la philosophie au mécanisme, contre le finalisme.

2. *Les éléments du mécanisme universel de Spinoza*

Si Spinoza, contrairement à Descartes ou à Leibniz, ne se met pas lui-même à la recherche mathématique ou physique, il utilise la perspective galiléo-cartésienne pour produire une conception nouvelle de la nature. On trouve les éléments de sa conception de la nature corporelle dans la deuxième partie de l'*Éthique*, consignés dans un court passage que l'on a coutume d'appeler la « petite physique ». Dans ce passage, Spinoza traite de la composition des corps. Il s'en dégage la thèse générale que tous les corps de la nature (y compris le corps humain) sont composés à des degrés divers. Autrement dit, il n'y a pas d'élément simple ou premier, tout corps est toujours déjà composé et composant un autre corps. C'est un certain rapport de mouvement et de repos qui règne entre des éléments composants qui distingue un corps d'un autre. Ainsi la notion d'individu reçoit un sens nouveau qui semble mettre en perspective la relativité de cette notion : « Quand un certain nombre de corps, de même grandeur ou de grandeurs différentes, sont pressés par les autres de telle sorte qu'ils s'appuient les uns sur les autres ou bien, s'ils sont en mouvement, à la même vitesse ou à des vitesses différentes, qu'ils se communiquent les uns aux autres leurs mouvements selon un certain rapport précis, ces corps, nous les dirons unis entre eux, et nous dirons qu'ils composent tous ensemble un seul corps ou Individu, qui se distingue de tous les autres par cette union entre les corps » (*Éthique*, II, définition après la proposition 13).

L'individu ne se définit donc pas par une essence qui lui préexisterait, mais par un rapport physique entre différents corps qui composent ensemble un autre corps « sous la pression des ambiants », c'est-à-dire sous la pression de causes extérieures. L'individu devient le produit d'une organisation immanente de corps qui interagissent entre eux mécaniquement (c'est-à-dire selon une nécessité causale) et qui doivent être eux-mêmes considérés comme des individus. C'est pourquoi Spinoza conçoit l'univers entier selon ce schéma de la composition des corps relevant d'une stricte nécessité causale : « Tous les corps de la nature [...] sont entourés d'autres corps qui agissent sur eux et sur lesquels ils agissent tous, de façon, par cette réciprocité d'action, qu'un mode déterminé d'existence et d'action leur soit imposé à tous, le mouvement et le repos soutenant dans l'univers entier un rapport constant. De là cette conséquence que tout corps, en tant qu'il subit une modification, doit être considéré comme une partie de l'univers, comme s'accordant avec un tout et comme lié aux autres parties. Et la nature de l'univers n'est pas limitée [...] mais absolument infinie [...] » (lettre de Spinoza à Oldenburg du 20 novembre 1665). La seule chose qui peut être considérée comme un tout, c'est l'univers entier. Les corps en sont des éléments non discrets (ils sont proprement indénombrables) qui le composent mécaniquement. Et il est clair que cette conception mécaniste et immanentiste de l'univers concerne aussi bien les êtres vivants pour Spinoza.

3.

Du mécanisme au matérialisme

1. *L'originalité de Spinoza*

On est dès lors en mesure de saisir la raison pour laquelle les biologistes matérialistes du XVIIIe siècle sont nommés les « Spinozistes modernes » dans l'*Encyclopédie.* Voici l'extrait de l'article « Spinoziste » les concernant : « Le principe général de ceux-ci, c'est que la matière est sensible, ce qu'ils démontrent par le développement de l'œuf, corps inerte, qui par le seul instrument de la chaleur graduée passe à l'état d'être sentant et vivant, et par l'accroissement de tout animal qui dans son principe n'est qu'un point, et qui par l'assimilation nutritive des plantes, en un mot de toutes les substances qui servent à la nutrition, devient un grand corps sentant et vivant dans un grand espace » (vol. 15).

La pensée de Spinoza, on l'a dit, rompt radicalement avec la tradition philosophique, notamment en niant absolument l'idée d'une quelconque animation des corps par un principe qui serait de nature différente (l'âme). Spinoza affirme en effet très clairement qu'il ne peut y avoir d'interaction causale entre la pensée et l'étendue et que l'ordre des idées ne précède ni ne détermine ce qui existe (*Éthique,* II, 7, et III, 2).

On ne saurait cependant faire du spinozisme un matérialisme *stricto sensu* en ce sens que pour Spinoza la matière ne peut pas être considérée comme le premier et le seul principe d'où l'on déduit tout, en particulier la pensée. Assurément, Spinoza maintient la distinction entre la pensée et l'étendue, héritée de la tradition, mais pour les faire concevoir ensemble, comme deux aspects d'une seule et même chose. Mais, s'agissant de sa théorie des relations qui est au fondement de sa conception de l'individu comme reliquat (*reliquis*), résultant d'une composition dynamique obéissant à une nécessité causale, on ne peut qu'y lire le refus de toute idée de finalité extramondaine, de toute spiritualité supérieure et transcendante, du thème de l'immortalité de l'âme, conçue sur le modèle du temps (*après* la mort)… Ainsi la théorie spinoziste de l'individu suggère un certain matérialisme antifinaliste.

Le « mécanisme » de Spinoza déplace le mécanisme de Descartes et le dépasse. Quand le premier met au fondement de sa conception de l'individu l'idée de relations et de compositions variables, évolutives, le second, lui, parle de l'individu en termes de quantité de matière, distinguant notamment le corps humain des corps en général : « Quand nous parlons d'un corps en général, nous entendons une partie de la matière […], mais, quand nous parlons du corps d'un homme nous n'entendons pas une partie déterminée de la matière, ni qui ait une grandeur déterminée, mais seulement nous entendons toute la matière qui est ensemble unie avec l'âme de cet homme » (lettre à Mesland du 9 février 1645). Descartes distingue l'homme de l'animal-machine, parce que l'homme a une âme qui est unie à son corps et, du fait de cette union, son corps a une nature différente des autres corps. Ce que Spinoza rejette, inscrivant l'homme dans le continuum de la nature, son corps se définissant, comme les autres, par une composition d'autres corps.

2. *Un esprit plutôt qu'une âme*

On soulignera donc le rejet par Spinoza de toute idée de substance immatérielle qui fournirait le principe de l'identité individuelle. Ainsi le fait pour Spinoza de reconnaître que l'homme a un esprit (le mot latin, *mens*, est à distinguer de cet autre mot latin, *anima*, âme, qui disparaît du vocabulaire du philosophe) n'implique pas de supposer une identité morale dépassant la Nature. L'esprit humain ne bénéficie d'aucune supériorité par rapport au corps, puisque, pour Spinoza, esprit et corps, c'est la même chose (il ne s'agit pas de les concevoir comme deux choses réellement distinctes). Aussi Spinoza définit-il l'esprit humain comme l'idée du corps humain et, en outre, caractérise cette idée comme étant très composée (*Éthique*, II, 15). Autrement dit, même s'il considère comme correct l'usage du vocable « esprit » parce qu'il fait sens, ce vocable ne renvoie à aucune réalité métaphysique, aucune entité insaisissable et supérieure. Le mot renvoie plutôt à des relations entre différentes idées d'objet, dont l'association profile l'individualité de notre esprit.

Il est intéressant dès lors de noter que Spinoza interrompt la correspondance avec Blyenbergh au moment où celui-ci l'interroge précisément sur sa conception de la nature de l'âme humaine, tirant des conséquences plutôt justes quant à ce que pensait Spinoza mais qui risquaient bien d'agiter encore plus les esprits contre ses vues concernant la consistance de la pensée chez l'homme : « Il semble découler de là qu'à la ressemblance du corps humain, qui se compose de milliers de parties étendues, l'âme humaine se compose de milliers de pensées. [...] Votre thèse en revient, en conséquence, à ce qu'il me semble, à soutenir que la substance pensante de l'homme subit des changements et se dissout comme le font les corps » (lettre 7).

Pour approfondir la réflexion...

BLOCH Olivier, *Le matérialisme*, PUF, coll. « Que sais-je ? », 1985.

GIANCOTTI Emilia, « La question du matérialisme chez Spinoza ? », *Revue internationale de philosophie*, n° 31, 1977 ; et « La naissance du matérialisme moderne chez Hobbes et Spinoza », *Revue philosophique de la France et de l'étranger*, avril-juin 1985.

MOREAU Pierre-François, *L'expérience et l'éternité*, PUF, coll. « Épiméthée », 1994.

NEGRI Antonio, *Spinoza subversif*, Kimé, 1992.

VINCIGUERRA Lorenzo (sous la dir. de), *Quel avenir pour Spinoza ? Enquête sur les spinozismes à venir*, Kimé, 2001.

La figure du philosophe

L'homme libre

1.

Naître à Amsterdam en 1632

1. *Naissance et origine*

Baruch Spinoza naît le 24 novembre 1632 à Amsterdam dans une famille juive d'origine portugaise. Sa mère meurt quand il n'a encore que six ans. Le père tient une maison de commerce que Spinoza et son frère Gabriel dirigeront après la mort de celui-ci en 1654. Spinoza reçoit une éducation hébraïque dans une école religieuse juive. Il connaît l'hébreu et l'araméen, outre le portugais et l'espagnol. Selon l'inventaire de sa bibliothèque, le seul dictionnaire unilingue que le philosophe possédait est en espagnol, et y sont notamment répertoriées les œuvres des poètes espagnols Góngora (1561-1627) et Quevedo (1580-1645), les œuvres du moraliste Baltasar Gracián (1601-1658), et les *Nouvelles exemplaires* de Cervantès (1547-1616), l'auteur de *Don Quichotte.* L'espagnol semble la langue avec laquelle Spinoza ait été le plus familier. Il ne maîtrisait qu'imparfaitement le néerlandais selon son propre témoignage dans sa première réponse à Blyenbergh. Le latin devient pour lui la langue d'échanges philosophiques et d'exposition de sa philosophie, comme en témoignent son œuvre et la correspondance qui débute en 1661 avec Henri Oldenburg, qui vivait à Londres.

2. *Entre modernité et obscurantisme*

Ce fait renvoie à la tradition universitaire des Pays-Bas, foyer de l'humanisme en Europe initié par Érasme. Avec la fin de la guerre avec l'Espagne, qui reconnaît en 1648 l'indépendance des Pays-Bas et l'éviction de la maison d'Orange du pouvoir, ce pays connaît une période exceptionnelle de libéralisation de la pensée. Il devient terre de liberté et de tolérance avec le développement de courants de pensée nés du protestantisme « politique » luttant contre l'intolérance catholique. Les Pays-Bas sont notamment devenus une terre d'exil pour les huguenots fuyant la France catholique, pour les philosophes affirmant une indépendance de pensée par rapport aux autorités politiques et religieuses de l'époque (Descartes). La pensée d'auteurs comme Machiavel et Hobbes trouve là un terrain propice à la diffusion. Amsterdam apparaît comme un foyer de la modernité naissante au XVIIe siècle.

Mais cette vision ne doit pas occulter l'atmosphère de pression et d'obscurantisme religieux qui règne dans ce siècle. Ainsi un témoignage datant de la seconde moitié du XVIIe siècle permet de mettre en perspective le type de croyances messianiques qui agitaient particulièrement la communauté juive à Amsterdam du vivant de Spinoza. Un captif chrétien au Maroc, où résidait une communauté juive, consigne dans son journal : « Dans le temps que j'étais à Salé, il arriva un vaisseau hollandais d'Amsterdam, qui apporta aux juifs de cette ville, de certaines prédictions que ceux de Hollande leur envoyaient. Elles contenaient, entre autres choses, que le Messie qu'ils attendaient depuis tant de siècles, naîtroit en Hollande au commencement de l'année suivante, qui étoit celle de 1672. Les juifs entendant de si bonnes nouvelles, firent une seconde fête des Tabernacles ; et pendant huit jours entiers, ils ne cessèrent de faire des réjouissances et des festins » (*Relation de captivité du sieur Moüette dans les royaumes de Fez et du Maroc*, Paris, 1683). Une lettre de Henri Oldenburg, datant de

1665, rend compte également de cette attente messianique qui caractérisait alors certains membres de la communauté juive au Maroc, mais aussi à Constantinople et à Amsterdam.

2.

L'exclusion de la synagogue en 1656

1. *La radicalité religieuse face à l'hétérodoxie*

Ayant reçu une éducation religieuse, Spinoza n'était pas pour autant destiné au rabbinat. Il semblait destiné à reprendre le commerce paternel. Avant 1656, les registres de la synagogue montrent que Spinoza s'acquitte régulièrement de sa cotisation, ce qui autorise à penser qu'il respectait les obligations religieuses observées par sa famille intégrée au sein de la communauté juive d'Amsterdam. En juillet 1656, cependant, Spinoza est exclu de la communauté juive de la ville en raison de ses opinions « hérétiques ». Le *herem* (acte d'« excommunication » produit par le conseil qui dirige la communauté, le *Mahamad*) à l'encontre de Spinoza, d'une rare violence, est absolument irrévocable. En effet, après son exclusion de la synagogue et de la communauté juive, Spinoza ne paraît plus rester en contact avec sa famille. Il quittera d'ailleurs définitivement Amsterdam, et s'installera à Rijnburg, près de Leyde, à Voorburg et finalement à La Haye. L'extrait du *herem* qui suit témoigne de la violence du rejet de Spinoza par la communauté : « À l'aide du jugement des saints et des anges, nous excluons, chassons, maudissons et exécrons Baruch de Spinoza avec le consentement de toute la sainte communauté en présence de nos saints livres et des six cent treize commandements qui y sont enfermés. Nous formulons ce *herem* comme Josué le formula à l'encontre de Jéricho. Nous le maudissons comme Élie maudit les enfants et avec toutes les malédictions que l'on trouve dans la Loi. Qu'il soit maudit le jour, qu'il soit maudit la nuit; qu'il soit maudit pendant son sommeil et pendant qu'il veille. Qu'il soit maudit à son entrée et qu'il soit maudit à sa sortie. Veuille l'Éternel ne jamais lui pardonner. Veuille l'Éternel allumer contre cet homme toute Sa colère et déverser sur lui tous les maux mentionnés dans le livre de la Loi : que son nom soit effacé dans ce monde, et à tout jamais, et qu'il plaise à Dieu de le séparer de toutes les tribus d'Israël en l'affligeant de toutes les malédiction que contient la Loi. Et vous qui restez attachés à l'Éternel, votre Dieu, qu'Il vous conserve en vie. Sachez que vous ne devez avoir avec Spinoza aucune relation ni écrite ni verbale. Qu'il ne lui soit rendu aucun service et que personne ne l'approche à moins de quatre coudées. Que personne ne demeure sous le même toit que lui et que personne ne lise aucun de ses écrits. »

Cette virulence et cette radicalité laissent à penser que les responsables de la communauté juive ont sans doute voulu donner une peine exemplaire pour édifier les fidèles et les empêcher de prêter l'oreille aux hétérodoxes. Car la communauté juive installée à Amsterdam bénéficie de la liberté et de la tolérance qui caractérisent alors les Pays-Bas. Mais cette situation, précisément, favorise l'expression d'opinions hétérodoxes qui touchent aux fondements de l'autorité des rites religieux et même aux fondements de la foi. Abraham Farrar, Uriel da Costa, Juan de Prado, avec leurs opinions, ont déjà ébranlé la communauté, avant Spinoza. Or il apparaît que cette communauté juive d'Amsterdam fournit un terrain propice à l'hérésie, à la mise en cause des rites ou de certaines croyances, car elle est formée principalement d'anciens convertis au catholicisme en Espagne (l'ordre de la conversion des juifs date de 1492) qui ont fui l'Inquisition qui pourchassait toute trace de judaïsme. On parle à cette occasion de marranisme pour désigner les juifs convertis en apparence à la religion catholique mais soupçonnés de pratiquer un judaïsme « caché ». Le terme vient d'un vocable espagnol (*marranos*) à caractère injurieux, désignant à l'époque ces nouveaux chrétiens. Ceux-ci, il est vrai, à force de persécutions, en raison de l'impossibilité de conserver un rapport quotidien et pratique avec la tradition du judaïsme, réaffirmant leur ancienne confession à Amsterdam, apparaissent en raison de leur histoire comme des nouveaux juifs qui avaient effectivement toutes les chances de développer des vues hétérodoxes sur Dieu, la société et la nature.

2. *Le choix de la philosophie*

Si l'on voit comment la trajectoire de Spinoza peut s'insérer dans ce contexte, il faut néanmoins préciser ici que les opinions « hétérodoxes » de l'excommunié semblent dès le début se caractériser par leur nature philosophique. En effet, l'originalité de Spinoza consiste à quitter le terrain de la religion pour proposer un autre terrain de réflexion à ces sujets : la philosophie. Il va chercher exclusivement sur ce terrain « le salut » et la règle pour penser. Les premiers paragraphes du *Traité de la réforme de l'entendement* mettent bien en perspective cette orientation.

3.

La naissance d'une renommée philosophique

1. *Une deuxième période de formation*

On ne dispose que de très peu d'informations sur les six années qui suivent son exclusion de la synagogue, et qui précèdent le début de la correspondance qui nous est parvenue (1661). Dans l'intervalle, Spinoza a quitté Amsterdam et a jeté les bases de son système.

Il est fort probable qu'il a consacré ces années à étudier et à acquérir des connaissances : scientifiques, historiques, politiques. Il a fréquenté l'école de Van den Enden et s'est assuré une maîtrise du latin et de la culture classique, dont il tirera profit dans ses écrits, du *Traité de la réforme de l'entendement* au *Traité politique*. Le latin lui permet aussi d'entretenir une correspondance avec diverses personnalités, dont la fonction est la circulation et la diffusion des idées nouvelles de l'époque, et de rendre possibles les échanges entre les initiateurs de la modernité naissante.

2. *Une réputation qui précède toute publication*

Certes exclu de la synagogue et de la communauté juive, Spinoza n'est pas pour autant isolé. L'image d'Épinal de l'ascète solitaire, travaillant à son système en huis clos, ne correspond pas au philosophe. La correspondance nous renseigne suffisamment sur ce point. Comme l'indiquent les premières lettres (1661-1663), Spinoza attirait l'attention et se trouvait au centre d'échanges d'idées. Ainsi Henri Oldenburg n'a-t-il pas hésité, à l'occasion d'un voyage aux Pays-Bas à faire le détour par Rijnsburg pour visiter Spinoza (été 1661). Ce qui indique que le jeune philosophe avait déjà une renommée importante, alors même qu'il n'avait encore rien publié. Autour de lui se réunit aussi ce que l'on peut nommer le cercle de Spinoza, qui rassemble des esprits libres (libéraux), curieux, appartenant à diverses confessions et exerçant différentes professions, notamment des commerçants (Jarig Jelles, Pierre Balling) et des médecins (Louis Meyer, Johannes Bouwmeester), correspondant tous avec Spinoza. Sans doute ont-ils commencé par discuter de la philosophie de Descartes et des sciences nouvelles (physique, chimie expérimentale), avant de se constituer ensuite en une sorte de comité de lecture des textes de Spinoza.

La réputation de Spinoza vient vraisemblablement d'abord du bruit qui entoura son exclusion de la synagogue. La rumeur qui précède ses écrits le caractérise comme un impie, un athée. Son nom a un goût de scandale. Le témoignage suivant rend bien compte de cet aspect des choses : « Il y a des athées à Amsterdam ; plusieurs d'entre eux sont cartésiens et l'un d'eux est un athée impudent d'origine juive » (note provenant du journal d'un chimiste danois en voyage aux Pays-Bas). Ce qui n'empêche pas Spinoza d'enseigner à un élève en 1663, la philosophie de Descartes. La réputation de scandale le cède à la réputation philosophique.

4.

Le parti de la liberté

1. *Publier ou ne pas publier ?*

C'est à la suite de ces cours particuliers que naît le premier projet de publication de Spinoza, *Les Principes de la philosophie de Descartes*, ouvrage auquel est joint un appendice : les *Pensées métaphysiques* (1663 pour le texte latin, 1664 pour la traduction néerlandaise). Blyenbergh prend à cette occasion l'initiative d'écrire à Spinoza. Comme l'indique explicitement la préface rédigée par Louis Meyer, le philosophe, dans ce recueil, ne fait qu'exposer (de manière originale, certes) la philosophie de Descartes avec laquelle il est, sur bien des points, en désaccord. C'est donc sans doute dans l'espoir de pouvoir un jour publier ses propres vues que Spinoza a rédigé et fait publier *Les Principes de la philosophie de Descartes*, tout en sachant que l'entreprise de divulguer son propre système philosophique serait délicate et risquée. Sans jamais dissimuler ses propres opinions sur les choses (Dieu, la nature et l'âme, notamment), Spinoza s'est ainsi toujours montré prudent face à un Oldenburg, par exemple, qui très rapidement l'a pressé de publier ses propres écrits. Il est d'ailleurs conscient de la difficulté de compréhension que présente sa philosophie, comme en témoigne entre autres le scolie de la proposition 11 de la deuxième partie de l'*Éthique* qui définit l'esprit comme une idée : « À partir d'ici je ne doute pas que les lecteurs seront dans l'embarras, et que bien des choses leur viendront à l'esprit qui les arrêteront, et c'est pourquoi je leur demande d'avancer avec moi à pas lents, et de ne pas porter de jugement avant d'avoir tout lu. » Conscient des « obstacles épistémologiques » (et moraux) qui dresseront ses contemporains, Spinoza connaissait la nécessité de choisir de ses lecteurs. L'*Éthique*, sa grande œuvre, ne sera jamais publiée de son vivant malgré une tentative en 1675 — qui échoue sous la pression religieuse.

Sa réputation lui nuit. Soupçonné, dénoncé et attaqué par les prédicateurs pour un athéisme qu'il dément, Spinoza finit par disposer d'une marge de manœuvre réduite. Il va d'abord tenter de se défendre de ces attaques en composant un ouvrage qui permettra de juger sans procès d'intention sa façon de concevoir la religion : le *Traité théologico-politique*. Cet ouvrage, que tout le monde s'attachera à réfuter (de Blyenbergh à Leibniz), ne fera que confirmer la réputation de Spinoza. Une circonstance au cours de la rédaction de ce traité donne la pleine mesure du courage qu'il aura fallu à Spinoza pour en poursuivre la rédaction et le publier. En 1668, un proche de Spinoza est inquiété par les autorités pour avoir rédigé un ouvrage attaquant ouvertement la religion (*La lumière dans les ténèbres*). Condamné à dix ans d'emprisonnement, il meurt en détention l'année suivante. Les juges ont tenté d'établir que Spinoza avait contribué à la rédaction de ce livre, ce que le prévenu a fermement nié. Le fait que l'ouvrage incriminé avait été rédigé en néerlandais, alors que Spinoza n'avait jamais écrit qu'en latin, empêcha qu'on l'inquiétât davantage. On comprend que Spinoza, après la publication anonyme de son *Traité théologico-politique* en 1670 (par Jan Rieuwerts, avec un faux lieu d'édition : Hambourg), se soit formellement opposé à la traduction de l'ouvrage en néerlandais, la langue populaire.

Le *Traité théologico-politique* sera interdit en 1674 en même temps que le *Léviathan* de Thomas Hobbes, et d'autres écrits s'en prenant directement à l'Écriture (*La Philosophie interprète de l'Écriture sainte* de Louis Meyer, l'ami de Spinoza).

2. *La liberté philosophique*

L'atmosphère politique aux Pays-Bas a subi une dégradation avec la chute des frères De Witt, au pouvoir depuis quinze ans, provoquée par l'invasion française (1672). La légende veut que Spinoza, réagissant à cet attentat contre la République, aurait souhaité alerter l'opinion publique avec un placard intitulé *Ultimi barbarorum* (« les derniers barbares »). Spinoza, de fait, prisait par-dessus tout la liberté (de penser et d'opinion).

Quoi qu'il en soit, si Spinoza ne parvint pas à publier de son vivant son œuvre, et s'il fut l'objet d'attaques fréquentes, il ne fut jamais inquiété. Il exerçait un métier qui lui donnait les moyens de vivre : il était polisseur de lentilles, ce qui lui attira l'attention des scientifiques d'Europe versés dans la science de l'optique (l'échange avec le jeune Leibniz doit être replacé dans cette perspective). Ce métier exercé en même temps que ses recherches philosophiques lui a permis de refuser l'offre d'une chaire de professeur à Heidelberg (où Hegel enseignera plus d'un siècle plus tard). Ce refus se formule en ces termes : « Si j'avais jamais eu le désir d'occuper une chaire professorale, je n'aurais pas pu en souhaiter une autre [...]. Mais n'ayant jamais été tenté par l'enseignement public, je n'ai pu me déterminer, bien que j'y aie longuement réfléchi, à saisir cette magnifique occasion. Je pense en premier lieu que je devrais renoncer à poursuivre mes travaux philosophiques si je m'adonnais à l'enseignement de la jeunesse. D'autre part, j'ignore dans quelle limite ma liberté philosophique devrait être contenue pour que je ne parusse pas vouloir troubler la religion officiellement établie » (lettre à Graevius du 14 décembre 1673).

Ce qui signifie que la liberté de philosopher, malgré tout, était une réalité pour Spinoza aux Pays-Bas et qu'en tout cas il n'était pas à l'affût d'opportunités pour quitter la Hollande. Et il ne fait pas de doute, à lire la fin du *Traité théologico-politique*, qu'il se considère comme un citoyen de ce pays. À lire le *Traité politique*, le dernier ouvrage auquel Spinoza ait travaillé, dont le ton est particulièrement affirmé, on comprend que Spinoza a toute sa vie exercé pleinement sa liberté, sans se sentir outre mesure contraint ou menacé. Spinoza meurt le 21 février 1677. Ses amis, parmi lesquels Louis Meyer, font publier ses œuvres posthumes en latin, et une traduction néerlandaise.

3. *Figures de Spinoza*

Spinoza a fasciné dès son vivant. Mais au lendemain de sa mort, sa figure allait prendre des dimensions fantasmagoriques et donner lieu à des cristallisations idéologiques. Spinoza passa de la figure de l'excommunié, de l'impie, à celle de l'« athée vertueux » que Pierre Bayle avec son *Dictionnaire* fit connaître à toute l'Europe (on ne lisait donc pratiquement pas Spinoza au XVIIIe siècle, on le connaissait d'après les résumés plus ou moins partisans, plus ou moins ambigus, de sa doctrine). Puis, de cette figure de l'athée, on passa, au XIXe siècle, à la figure de l'homme ivre de Dieu (relecture par l'idéalisme allemand). De l'idée que sa philosophie est un acosmisme (absence d'univers absorbé par Dieu) — c'est l'interprétation de Hegel —, on passe ensuite, au XXe siècle, à l'idée que sa philosophie est une philosophie de l'immanence — voilà rendus au monde et à l'histoire leurs droits dans la philosophie spinoziste — et que Spinoza constitue une anomalie sauvage. Un lieu unique dans l'histoire de la philosophie et des idées. Quelle sera la figure de Spinoza au XXIe siècle ?

Pour approfondir la réflexion…

La Vie de B. de Spinoza tirée des écrits de ce fameux philosophe (1707), *in* Spinoza, *Éthique*, Éd. du Seuil, coll. « Points essais », 1999.

Spinoza, *Traité politique — Lettres,* Flammarion, coll. « G-F », 1996.

Cahiers Spinoza 3, « Spinoza et les juifs d'Amsterdam », Réplique, 1980.

DELEUZE Gilles, *Spinoza. Philosophie pratique,* Éd. de Minuit, coll. « Reprise », 2004.

MOREAU Pierre-François, *Spinoza et le spinozisme,* PUF, coll. « Que sais-je ? », 2003.

NADLER Steve, *Spinoza,* trad. de l'anglais par Jean-François Sené, Bayard, 2003.

Trois questions posées au texte

LA CORRESPONDANCE RÉVÈLE TRÈS VITE une divergence de vues profonde entre le solliciteur et le philosophe, dès la deuxième lettre de Blyenbergh qui heurte manifestement Spinoza. Et cependant, malgré le constat de l'inutilité de cet échange dès la lettre 3, la correspondance se poursuit jusqu'à une quatrième lettre de Spinoza qui, cette fois, met fin de façon assez expéditive à l'échange. Il s'agit donc de s'interroger sur les ressorts de cette correspondance paradoxale, sur les raisons qui poussent Spinoza à prendre en compte les demandes de Blyenbergh malgré le ton du correspondant, qui de toute évidence lui déplaît. Il s'agit aussi de comprendre pourquoi, quand Blyenbergh semble dans sa dernière lettre quitter le terrain théologique et interroger le philosophe sur sa conception de l'âme humaine, ce dernier lui oppose une fin de non-recevoir.

1.

Dieu est-il cause de tout?
(lettre 1)

1. *Des questions au nom de la vérité et de la métaphysique*

Blyenbergh, inconnu de Spinoza, dans un premier temps avance masqué. Il ne s'agit pas en effet de rebuter le philosophe s'il veut obtenir de lui des réponses. Sa prudence s'exprime au travers d'une stratégie rhétorique qui vise à persuader le philosophe de son réel amour de la vérité, de sa préférence pour la métaphysique et donc de ses bonnes intentions. Il commence par invoquer un ouvrage de Spinoza et vanter son mérite avec circonlocutions : « J'ai lu attentivement plusieurs fois déjà votre Traité récemment publié avec son appendice. Dire quelle extrême solidité j'y ai trouvée et quel plaisir j'y ai pris, c'est à un autre plutôt qu'à vous que je croirais convenable de le faire ; du moins ne puis-je passer sous silence que, plus souvent mon attention se porte sur ce livre, plus il me plaît et que je ne cesse d'y découvrir quelque chose que je n'avais pas encore observé. » Ainsi commence l'échange.

Il ne fait pas de doute que le « petit Traité et son appendice » sont les *Principes de la philosophie de Descartes* et les *Pensées métaphysiques*, publiés en 1663 et signés de Spinoza. Il ne s'agit donc ni du *Traité de la réforme de l'entendement* ni du *Court Traité*, premiers ouvrages contenant les idées propres du philosophe, jamais publiés du vivant de Spinoza. La référence de Blyenbergh est par conséquent un « précis » de philosophie cartésienne et une sorte de lexique raisonné de la métaphysique qui certes montrent le tour d'esprit singulier de Spinoza (notamment son souci de mettre sous forme géométrique les raisonnements philosophiques), mais n'expriment que de façon très lacunaire ses vues philosophiques. S'il est certain que Blyenbergh ne pouvait pas avoir eu accès à des écrits plus personnels du philosophe, peut-on affirmer pour autant qu'il ne connaissait pas ses thèses au moins par ouï-dire ? Le fait est que Spinoza avait déjà une réputation. Mais le fait est aussi que Blyenbergh se réfère le plus souvent dans ses lettres aux seules idées contenues dans les *Principes de la philosophie de Descartes*, notamment en ce qui concerne la question de la liberté de la volonté (lettre 3), semblant ignorer la thèse spinozienne de la négation du libre arbitre et l'idée de nécessité propre à l'horizon de pensée du philosophe.

Quoi qu'il en soit, le correspondant inconnu parle d'« aperçus nouveaux » qui se dévoilent grâce à une pratique de la relecture — pratique qui, aux yeux d'un philosophe, ne peut que laisser présager une heureuse disposition pour l'interrogation et la rigueur dans la réflexion. La nouveauté de ces « aperçus » semble l'intéresser fortement et être à l'origine de sa démarche. Souci de la vérité donc, curiosité pour des solutions nouvelles à de vieux problèmes. Sans doute Spinoza sait-il mieux que tout le monde faire voir et expliquer ces nouveautés… Ainsi la flatterie fait-elle partie de la stratégie rhétorique de Blyenbergh (à propos de la métaphysique) : « Nul, j'en suis convaincu, ne s'y est adonné avec autant de bonheur que vous et un zèle égal au vôtre, nul en conséquence n'est parvenu à ce degré de perfection que votre ouvrage me montre que vous avez atteint. » L'homme ici ne parle pas de l'*Éthique* — considérée comme l'ouvrage majeur de Spinoza. Qu'est-ce à dire ? Au-delà de la flatterie qui obéit à une stratégie de persuasion, on peut voir dans cette affirmation le fait que, d'une part, Blyenbergh n'avait probablement pas lu beaucoup d'ouvrages métaphysiques (certainement pas Descartes) et, d'autre part, que les thèses cartésiennes reprises par la méthode géométrique de Spinoza devaient provoquer l'étonnement du lecteur de l'époque.

2. *Les arguments « inassimilables » des philosophes modernes concernant la nature de la volonté de Dieu*

Son étonnement, voire son incompréhension. C'est, semble-t-il, ce qui se passe avec Blyenbergh. Il lit et relit l'ouvrage de Spinoza et il ne comprend pas certaines choses. Avant de se demander quelles sont ces choses, il faut relever les indices qui nous renseignent sur la nature de son incompréhension et de sa réaction. Après sa protestation d'amour de la vérité et sa flatterie, il parle d'arguments « d'une digestion difficile » : « Si j'y ai trouvé maintes choses délectables, il s'en est présenté quelques-unes aussi d'une digestion difficile. » Il avoue donc qu'il ne parvient pas à « assimiler » certains arguments, ou aperçus, contenus dans le *Traité*. Ils ne se composent (s'harmonisent) pas bien avec sa manière de penser, son esprit les rejette, comme le corps rejette des aliments qu'il ne peut assimiler. Ces choses difficiles à « digérer » concernent le rapport de dépendance entre Dieu créateur et les créatures créées, tel que le fait concevoir la doctrine cartésienne de la création continuée, et plus particulièrement les conséquences qui se tirent d'une telle doctrine. Ainsi, selon cette doctrine, il est correct d'affirmer que « Dieu n'est pas seulement cause de la substance de l'âme mais aussi, comme vous le posez en divers passages, de chaque tendance et de chaque mouvement de l'âme auquel nous donnons le nom de volonté », et il faut alors décider entre deux propositions : « ou bien qu'il ne peut y avoir rien de mauvais dans le mouvement ou la volonté de l'âme, ou bien que Dieu lui-même est cause immédiate de ce mal ». Or il est remarquable que Blyenbergh, posant pourtant le problème dans les termes de cette alternative, n'examine pas la première proposition mais évoque à la suite la volonté mauvaise d'Adam, évocation qui a toutes les allures d'une convocation pour fonder son point de vue, à savoir : il faut reconnaître l'existence d'une volonté mauvaise en soi. En conséquence : « Dieu [...] semble être aussi la cause première de la volonté mauvaise en tant que mauvaise. » Et même s'il reformule l'alternative à la fin de son argumentation, il ne semble pas pouvoir croire à la légitimité de la proposition selon laquelle « la volonté mauvaise n'est pas un mal », proposition que fonde Spinoza dans sa réponse. Ainsi le problème pour Blyenbergh se ramène à une alternative impossible entre, d'une part, une proposition qui lui paraît évidemment fausse et, d'autre part, une proposition (« Dieu est cause immédiate du mal ») impossible à soutenir. Ce qui devrait amener le philosophe à revoir sa conception des rapports entre le créateur et les hommes. Dieu peut-il vouloir tout ce qui arrive ? Dieu peut-il réellement être la cause de tout et de chaque chose ?

2.

Qu'est-ce qu'une imperfection ?
(lettre 2)

1. *Reformulation du problème par Spinoza*

Spinoza commence par exprimer son intérêt à l'égard de son nouveau correspondant en raison de l'amour que celui-ci semble professer pour la vérité. Parlant de sa lettre : « j'ai connu par elle que, dans votre amour de la vérité, vous la preniez pour objet unique de vos studieux efforts ». Et Spinoza se reconnaît dans un tel discours : « [...] n'ayant moi-même d'autre souci dans l'âme, je n'ai pu faire autrement que de m'engager non seulement à satisfaire votre désir en répondant, selon mes forces, aux questions posées dans votre lettre et dans celles qui pourront suivre [...]. » On le voit, la première lettre de Blyenbergh a reçu un accueil bienveillant de la part de Spinoza qui juge concevable à ce stade que son nouveau correspondant en vienne à comprendre ses idées sur Dieu et sur le mal. Si l'on tient compte de la longueur du paragraphe d'introduction dans sa réponse, on peut même avancer l'idée que Spinoza se félicite à ce moment-là de la possibilité d'une telle correspondance qui lui donne l'occasion de s'expliquer assez librement sur des sujets brûlants à l'époque, provoquant généralement la crispation partisane, des envies de censure et de représailles.

Spinoza va adopter un ton plutôt pédagogique, reprenant pour commencer les termes de son correspondant et lui assurant qu'il serait comme lui conduit aux mêmes conclusions s'il posait le problème en ces termes. Quel est le vice de raisonnement que le philosophe détecte chez son correspondant ? Le fait qu'il n'explicite pas ce qu'il entend par « mal » constitue un élément déterminant. Mais c'est surtout le fait que le correspondant considère le mal comme « quelque chose de positif » qui constitue le fond du problème. Même s'il ne définit pas le mal et ne donne qu'un exemple particulier (une volonté mauvaise, celle d'Adam), il est vrai que Blyenbergh imagine le mal comme quelque chose de réel, ayant une existence hors de l'entendement (et de l'imagination). Spinoza avance donc à l'encontre de cette vision : « Pour moi, je ne puis accorder que le mal et le péché soient rien de positif, et encore bien moins que quoi que ce soit puisse être ou arriver contre la volonté de Dieu. » Spinoza déplace ainsi le problème posé par Blyenbergh en argumentant deux thèses, la première concernant le non-être du mal, la seconde concernant la nécessité au regard de Dieu de l'enchaînement des événements dans l'existence ; ce qui permet de penser que Dieu est cause nécessaire de toute chose, de chaque chose.

2. *Différence de registres entre « perfection » et « imperfection »*

Afin d'argumenter que la faute ou le mal n'est rien de positif, Spinoza met à profit l'exemple de Blyenbergh pour considérer ce que l'on peut dire de la volonté d'Adam considérée en elle-même. Le fait est qu'une chose est dite exister quand on peut considérer sa nature (son essence) pour elle-même, ou plus exactement quand on peut considérer la façon dont cette chose exprime une nature déterminée dans sa façon d'exister. C'est ici que le mot de perfection est convoqué, ce qui fait valoir un sens particulier de ce terme : la perfection que l'on attribue à une chose que l'on considère en elle-même (c'est-à-dire sans la comparer à autre chose) est exactement mesurée par son essence (ce qui s'affirme), car, selon Spinoza, « essence et perfection, c'est tout un » (lettre 2). Autrement dit, le philosophe fait valoir aux yeux de Blyenbergh une acception exclusivement philosophique (ontologique) de la perfection débarrassée de tout sens évaluatif concernant la « valeur » de cette chose, privilégiant exclusivement une perspective « quantitative » : la quantité d'être qu'exprime l'existence d'une chose. Cette conception *réaliste* de la perfection se retrouve dans l'*Éthique* avec le statut d'axiome de la deuxième partie : « Par réalité et perfection, j'entends la même chose. » Cette façon de définir la perfection permet à Spinoza d'invalider l'objectivité d'un discours attribuant réellement une imperfection à une chose : « [...] nous ne pouvons concevoir dans un objet aucune imperfection, sinon quand nous le comparons à quelque autre ayant plus de réalité. » Par suite, l'imperfection attribuée à Adam n'a rien de réel, elle n'est que le résultat d'une comparaison et non pas une qualité avérée de sa volonté. Spinoza conclut alors dans la lettre 2 : « Cela étant, il suit clairement que le péché, *n'ayant rien en lui que des marques d'imperfection, ne peut exprimer aucune réalité* et tel est le cas pour la décision prise par Adam et sa mise à exécution ». Par où l'on voit comment Spinoza nie que les idées de faute et de mal aient des référents réels en définissant ce qu'il entend par perfection, et en niant que l'idée d'imperfection ait un référent réel. La perfection est l'indice de la quantité d'être d'une chose qui, considérée en elle-même, ne fait qu'affirmer un être déterminé et non autre chose. D'où le fait que Spinoza se permet de penser l'augmentation de perfection (augmentation de quantité d'être ou d'existence) chez un individu (un « juste ») sans faire dépendre cette possibilité d'un état d'imperfection de départ. C'est ce que réaffirmera Spinoza tout au long de cette correspondance. La conséquence de cette acception nouvelle de la notion de perfection est que, si l'on peut bien concevoir une augmentation de la perfection chez un individu, l'absence d'une telle perfection, ou même une diminution de perfection, chez un autre individu ne signale pas une privation — ou imperfection : « [...] quand nous considérons la nature d'un homme qui est dominé par un appétit bassement sensuel, et que nous comparons cet appétit présent en lui à celui qui se trouve dans les hommes de bien, ou à celui qui, à un autre moment, s'est trouvé en lui-même, nous affirmons que cet homme est privé d'un appétit meilleur parce que nous croyons que mieux vaudrait pour lui l'appétit de la vertu. Nous ne pouvons juger ainsi quand nous avons égard à la nature du décret et de l'entendement divin ; car relativement à elle, *cet appétit meilleur n'appartient pas plus, à l'instant considéré, à la nature de cet homme qu'à celle du diable ou de la pierre* » (lettre 4).

3. *De l'idée d'imperfection à l'idée de négation*

Ce faisant, Spinoza met l'accent sur le caractère orienté, partial — inadéquat est le terme que Spinoza emploie dans l'*Éthique* — du point de vue qui consiste à mettre en avant l'idée de manquement ou d'imperfection. D'abord, ce point de vue ne se soucie pas d'être rigoureusement fondé puisqu'il méconnaît la contradiction qu'il implique. En effet, reprocher à une chose un manquement dû à une imperfection intrinsèque supposée, c'est considérer que quelque chose puisse arriver contre la volonté de Dieu alors même qu'on conçoit cette volonté à l'origine de toute chose et de tout événement. Spinoza n'aura de cesse de dénoncer ce type de point de vue car, pour lui, rien n'arrive dans la nature qui puisse être considéré comme contraire aux « commandements » de Dieu, puisque ces commandements en tant qu'ils procèdent d'une puissance absolument infinie ont le statut de lois de la nature. Ce sont les seuls commandements humains qui peuvent être transgressés. La nature de la volonté divine est telle que « cette volonté, en effet, ne différant en rien de son entendement, il est aussi impossible qu'un événement quelconque arrive contrairement à sa volonté, qu'il l'est de concevoir un objet réel en désaccord avec son entendement ; tel un cercle carré », explique Spinoza, dans la lettre 2, pour bien faire admettre la différence que l'on doit concevoir entre la « volonté » de Dieu et la volonté humaine. Elles n'ont aucune commune mesure, elles n'ont absolument pas la même nature. Tout le problème de compréhension auquel les hommes sont confrontés vient de ce qu'ils confondent leur nature et celle de Dieu. Ils se prennent comme modèle pour penser Dieu et ignorent que par là ils montrent plus les limites de leur entendement qu'ils ne font valoir leur puissance de penser et de comprendre. Ce qui est donc en cause c'est le caractère anthropomorphique de ce point de vue qui méconnaît absolument la nature de Dieu.

Il s'avère en outre que ce type de point de vue méconnaît aussi complètement la nature de l'homme, comme le fait valoir Spinoza ici, dans la lettre 2, et ailleurs, dans la préface à la troisième partie de l'*Éthique* : la plupart de ceux qui considèrent la façon de vivre des hommes (leurs passions, leurs actions) semblent concevoir « l'homme dans la nature comme un empire dans un empire. Car ils croient que l'homme perturbe l'ordre de la nature plutôt qu'il ne le suit, qu'il a sur ses actions une absolue puissance, et n'est déterminé par ailleurs que par soi-même. Ensuite, ils attribuent la cause de l'impuissance et de l'inconstance de l'homme, non pas à la puissance commune de la nature, mais à je ne sais quel vice de la nature humaine, et pour cela, ils la déplorent [...] ». Il apparaît ainsi que Spinoza, face à Blyenbergh, est confronté à une expression concrète de cette croyance qui se fonde notamment sur une idée toute générale de l'homme. Or cette croyance procède d'une idée qui n'est à aucun moment interrogée quant à son origine, ses présupposés et ses conséquences, puisqu'elle apparaît comme le résultat non pas d'une pensée active, mais d'une habitude de pensée : « Cette appellation a pour origine *l'habitude* où nous sommes de joindre ensemble tous les individus du même genre, par exemple tous ceux qui ont la forme extérieure de l'homme, de donner de ce genre une définition que nous croyons convenir à tous et de juger ensuite que tous sont également aptes à la perfection la plus haute que nous puissions déduire de cette définition. Quand nous en trouvons un dont les œuvres sont en désaccord avec cette perfection, nous disons qu'il en est privé et qu'il s'écarte de sa nature » (lettre 2). Ce en quoi consiste proprement le jugement qui attribue à une chose (aux choses du monde existant) de l'imperfection. Voilà comment Spinoza, faisant dépendre ce jugement d'imperfection de l'idée de privation qui naît d'une comparaison, fait valoir que ce jugement est *abstrait* (il ne prend pas en compte la réalité singulière qui est en jeu, qui est strictement définie et déterminée) et que ce qui est réellement en jeu n'est qu'une *négation.* Il ne s'agit que de constater l'impossibilité d'attribuer à ce moment-là à la chose la qualité dont on constate chez elle l'absence. On ne peut *rien* lui attribuer de positif. Dans la lettre 4, Spinoza revient sur cette distinction entre privation et négation pour faire valoir une fois de plus aux yeux de son correspondant comment la première idée est un mode de l'imagination et comment la seconde est la seule catégorie correcte pour concevoir réellement ce qui se passe quand on attribue de l'imperfection à un être ou quand on parle du mal.

Comme l'écrit Spinoza à la proposition 64 de la quatrième partie de l'*Éthique :* « La connaissance du mal est une connaissance inadéquate. » Et le corollaire ajoute :

« De là suit que, si l'Esprit humain n'avait que des idées adéquates, il ne formerait aucune notion du mal. »

3.

Tout est-il permis ?
(lettre 3)

Spinoza, dans ses réponses, s'emploie à être le plus clair possible pour qu'il n'y ait pas de malentendu, notamment sur la question de la nature divine qui n'admet aucune contradiction — ce qui met en condition pour penser la nécessité de toutes choses. Cela permet ainsi au philosophe de souligner le caractère inadéquat de tout raisonnement qui présuppose une validité objective de la notion de mal. Or les deux réponses de Blyenbergh aux lettres 2 et 4 de Spinoza manifestent des réactions vives, montrant à quel point le correspondant prend en mauvaise part les thèses et les explications avancées par le philosophe. Dans les lettres 3 et 5, Blyenbergh revient donc sur sa première lettre et semble, face à Spinoza, se sentir investi d'une mission de *défense* de la vérité de l'Écriture et d'une certaine conception de l'ordre *moral* du monde.

1. *La défense du mal*

AU NOM DES PRINCIPES

Le changement de perspective est total lorsque Blyenbergh fait valoir de façon sans doute inattendue pour Spinoza l'autorité d'un second principe, qu'il n'hésite pas à mettre en concurrence avec le critère de la clarté et de l'évidence des idées de l'entendement pour avancer dans la recherche de la vérité. Le principe selon lequel on peut fonder la vérité d'une idée sur sa clarté et son évidence est cartésien et spinozien. Le second principe qui met en avant l'autorité de la parole révélée est religieux. Il est dépendant d'une croyance. Cette croyance, chez Blyenbergh, exprime un désir qui surpasse donc le goût de la vérité : « [...] je *veux* croire fermement que cette parole est la parole de Dieu, c'est-à-dire qu'elle est provenue d'un Dieu suprême et tout parfait qui comprend plus de perfection que je ne puis en avoir l'idée [...]. » Cette affirmation procède d'une foi et d'un désir de défendre une certaine idée théologique de Dieu que la conception de Spinoza met à mal. Mais Blyenbergh ne se contente pas d'opposer la foi religieuse à la conviction philosophique. Il entend aussi bien réfuter Spinoza sur le terrain de la philosophie : « [...] je m'incline donc de préférence, même sans raison, vers ce Verbe, m'appuyant sur ce fondement qui est venu de l'être le plus parfait (cela je le présuppose, mais la *démonstration* en serait trop longue pour trouver place ici) et doit pour cela obtenir ma créance. » On le voit, il y a ici deux discours mêlés, avec des horizons, des règles et des vocabulaires différents. On peut en conclure que les intentions de Blyenbergh sont complexes : il défend la religion et ses enseignements moraux mais cette défense, il la voudrait philosophique.

RÉFUTER SPINOZA ?

Blyenbergh dévoile assurément une attitude intellectuelle qui s'écarte sensiblement de celle qu'il a fait valoir dans un premier temps aux yeux de Spinoza. Il apparaît que le correspondant inconnu peut recevoir des vérités comme telles sans qu'elles doivent être soumises à un examen critique de la part de la raison. On soulignera donc ici la différence de traitement entre le discours philosophique et le discours théologique : ce dernier peut être reçu sans examen, le premier au contraire suscite tout un arsenal d'objections. Dans sa troisième lettre, Blyenbergh revendiquera explicitement son droit de soumettre le discours philosophique de Spinoza à la critique de sa raison : « Car admettre une vérité sans une juste raison, ce serait pécher contre l'entendement. » Mais, précisément, le problème vient de ce que le discours philosophique est jugé à l'aune des idées qui lui *semblent* le plus admissible et le plus *conforme* à certaines habitudes de pensées (en d'autres termes des préjugés). Et, il paraît tentant, pour Blyenbergh, d'affirmer que les idées de Spinoza, en contradiction avec des idées qui lui sont plus familières, sont fausses. Il est certain que Blyenbergh a à cœur de faire valoir son opposition aux vues de Spinoza. Ainsi s'explique le fait qu'il procède en deux temps pour examiner les thèses du philosophe afin de rendre manifeste à chaque fois leur opposition : « Si j'examine votre lettre, en ce qui concerne ces mêmes points, suivant ma deuxième règle générale, le désaccord entre nous va s'aggraver. » Quel est l'effet escompté d'un tel avertissement ? Faire valoir son opposition farouche. C'est ce à quoi sert aussi la fin enlevée, lyrique, enthousiaste en un mot, de sa deuxième lettre : faire valoir à quel point sa manière de voir doit être préférée à celle du philosophe.

Et cependant, si l'on prend en compte son désir mis à exécution de rendre visite au philosophe et sa dernière lettre, plus courte, plus directe, soulevant la question de la conception philosophique de l'âme humaine, on décèle de la part de Blyenbergh un effort considérable pour essayer d'appréhender correctement le point de vue du philosophe. Mais les conceptions de ce dernier s'écartent si fort de ses habitudes de pensée que le réflexe de la réfutation et d'objection est le plus fort.

POUR L'EXISTENCE DU MAL ET DU VICE

Tous les efforts de Blyenbergh tendent à persuader que le mal ne peut pas être rien. Il ne peut pas être rien à l'égard de l'homme tout du moins. Si cela est admis, il ne peut pas non plus être rien de positif à l'égard de Dieu puisque Dieu est omniscient. Blyenbergh fait valoir toute une série d'exemples d'actions mauvaises, notamment le meurtre considéré en dernier lieu pour emporter l'adhésion par la force de l'évidence (affective) de son statut d'acte mauvais : « Considérons encore l'acte de tuer ; en tant que c'est un acte positif, Dieu y prête son concours : mais se peut-il qu'il ignore l'effet d'un tel acte, à savoir la destruction d'un être et la dissolution d'une créature de Dieu ? Ce serait supposer Dieu ignorant son propre ouvrage [...]. » L'argument ici veut se fonder sur l'évidence qu'un meurtre est un acte mauvais (un mal) et Dieu, étant omniscient, ne peut ignorer, non pas l'acte considéré en lui-même, mais l'acte en tant que c'est un mal. La suite de l'argumentation montre à quel point Blyenbergh n'a pas pris en compte le raisonnement de Spinoza, tant il est attaché à l'idée d'un mal ancré dans le réel (qui ne soit pas qu'une idée — un jugement — existant seulement dans notre esprit) : « Peut-être répliquerez-vous que ces actes, tels que je les suppose, sont bons purement et simplement et que nul mal n'y est attaché ; mais s'il en est ainsi, je ne puis concevoir ce que vous appelez un mal [...]. » Cette dernière phrase est remarquable tant elle montre l'attachement obstiné du correspondant à l'égard de la notion de mal et non pas de bien. Pourquoi, en effet, ne demande-t-il pas au philosophe ce qu'il entend alors par *bien* ? L'argumentation de Blyenbergh attire l'attention sur le fait que son esprit est tout occupé de l'idée de faute, de crimes, et de volontés mauvaises. D'où, d'une part, dans la lettre 3, l'espèce de vertige qui s'empare de son esprit à l'idée qu'il pourrait ne pas y avoir de mal à l'égard de Dieu et par là même qu'il pourrait ne pas y avoir de châtiment — alors tout est permis ? Et d'où, d'autre part, dans la lettre 5, son étonnement face à l'affirmation de Spinoza selon laquelle à sa nature singulière répugne le crime — et qu'en est-il des autres hommes ? Selon quel principe agissent-ils si à leur nature ne répugne pas le crime ?

2. *Ni péché ni licence : une puissance naturelle qui s'exerce*

RÉAFFIRMER SES POSITIONS PHILOSOPHIQUES EN REFUSANT LA CARICATURE DE L'ADVERSAIRE

Au ton qu'utilise Spinoza pour répondre désormais à Blyenbergh (à partir de la lettre 4), on n'a pas de peine à imaginer le déplaisir que lui cause « la façon de philosopher » de ce correspondant qui tire des conséquences trop hâtives selon des principes douteux. On ne s'étonne pas de lire par exemple, en réponse à la longue lettre 3 : « Je vois que nous pensons différemment non seulement sur les conséquences éloignées qui se tirent des premiers principes, mais sur les principes mêmes. Dès lors il ne me paraît plus qu'un échange de lettres entre nous puisse servir à notre instruction. » Et cependant non seulement la lettre qui contient ces phrases n'est pas expéditive, mais, en outre, Spinoza fera encore une fois l'effort de répondre aux questions de Blyenbergh. L'échange prendra fin, sur l'initiative de Spinoza, après une visite et une dernière lettre de Blyenbergh questionnant plus directement Spinoza sur sa philosophie. Qu'est-ce qui pousse Spinoza à répondre à Blyenbergh ? Pourquoi la fin de non-recevoir qu'il oppose dans la lettre 8 n'intervient-elle pas avant ? Il semble que dès la lettre 4 Spinoza ait perdu toute illusion sur la possibilité d'un véritable échange entre lui et Blyenbergh. Le ton heurté de Spinoza est un indice sans doute : il est étonné et irrité de ce que ses propos aient pu faire l'objet d'une déformation et d'une mécompréhension à laquelle il ne s'attendait pas. Il lui faut donc rétablir son propos, réaffirmer avec plus de force et plus de clarté ses thèses pour combattre toute déformation possible qui pourrait avoir pour lui de fâcheuses conséquences — en effet, un philosophe pouvait être inquiété, à l'époque de Spinoza, s'il était jugé coupable de tenir des propos impies pouvant corrompre les mœurs et contrevenir à l'ordre public. D'où l'insistance de Spinoza pour affirmer qu'il ne confond aucunement, bien au contraire, les justes et les méchants, contrairement à ce que veut lui faire dire Blyenbergh. D'où le thème récurrent de l'*amour* à l'égard de Dieu comme étant ce qui distingue les justes des « méchants », comme conséquence immédiate de leur connaissance adéquate de la nature de Dieu. D'où enfin ce vocabulaire de moraliste qui permet au philosophe de se situer sur le terrain de l'expérience commune et de parler le langage du commun, et même celui des théologiens.

LES POINTS DE DÉSACCORDS FONDAMENTAUX

Réaffirmer ses positions pour Spinoza signifie surtout aller à la source du désaccord entre les deux correspondants. L'origine du désaccord concerne la nature de l'entendement et la conception de la nature de Dieu (ces deux choses étant liées entre elles). Ainsi Spinoza affirme, contre son correspondant, sa confiance dans la puissance de l'entendement humain, qui est certes limité, quantitativement (c'est-à-dire qu'il ne peut pas avoir *toutes* les idées), mais non *qualitativement* : quand il a une idée vraie, cette idée est la *même* en lui et dans l'entendement de Dieu. D'où cette affirmation : « Je me repose absolument sur ce que l'entendement me fait percevoir et ne soupçonne pas qu'il me puisse tromper » (lettre 4). Ainsi, c'est son entendement qui lui fait *concevoir* Dieu et non pas l'Écriture. Autrement dit, le philosophe disant « Dieu » fait valoir un *concept*, un outil de la pensée, absolument non figuratif, non psychologique. On comprend dès lors que Spinoza insiste sur cet aspect comme l'origine du désaccord entre lui et Blyenbergh : « [...] tout notre désaccord réside en ce seul point : les perfections que possèdent les bons, leur sont-elles communiquées par Dieu, absolument parlant, sans qu'il y ait à supposer en lui d'attributs humains (c'est ainsi que je le conçois), ou bien viennent-elles de Dieu conçu comme un juge ? *C'est là votre idée* et, pour cette raison, vous ne voulez pas que les impies, parce qu'ils agissent contrairement aux commandements de Dieu, servent Dieu comme les pieux. Mais cela même ne découle nullement de mes paroles : n'introduisant pas dans mon idée de Dieu celle de juge [...] ».

La source du désaccord concerne donc la source de la connaissance (de Dieu notamment) et il est clair que Spinoza ne tire pas sa conception de Dieu de la Bible, qui est de nature prescriptive (elle établit des règles de vie et non de connaissance).

Ainsi la première conséquence de ce désaccord fondamental concerne le type d'autorité à attribuer à l'Écriture. La deuxième conséquence, puisque le point de vue de Spinoza met en cause la validité épistémologique de la Bible, concerne la conception de la condition de l'homme qui apparaît être l'*ignorance* aux yeux du philosophe *et non pas la culpabilité* (selon le point de vue des théologiens et de Blyenbergh). Ensuite, étant donné la conception du rapport de production de Dieu aux choses existant (persévérant) dans la durée, ce qu'une chose affirme dans l'existence elle l'affirme de manière nécessaire (selon les lois de sa nature propre et les déterminations des causes extérieures qui influent sur elle). Ce qui permet, enfin, de préciser le dernier point de désaccord en conséquence : l'homme n'agit pas d'après une libre détermination de sa volonté et, lorsqu'il agit, n'affirme aucune indépendance à l'égard des causes de son existence. Aussi Spinoza affirme-t-il avec force et clarté dans la lettre 6 ce qui suit : « [...] les œuvres des gens de bien (c'est-à-dire ceux qui ont de Dieu une idée claire et règlent sur elle toutes leurs actions et toutes leurs pensées), celles des méchants (c'est-à-dire ceux qui n'ont pas l'idée de Dieu mais seulement les idées des choses terrestres et règlent sur elles leurs actes et leurs pensées) et enfin les œuvres de tous les êtres existants découlent *nécessairement* des lois éternelles et des décrets de Dieu [...]. »

Pour approfondir la réflexion...

DELBOS Victor, *Le problème moral dans la philosophie de Spinoza et dans l'histoire du spinozisme*, Presses universitaires de la Sorbonne, rééd. 1999.

DELEUZE Gilles, « Les lettres du mal », in *Spinoza. Philosophie pratique*, Éd. de Minuit, coll. « Reprise », 2004 ; *Spinoza et le problème de l'expression*, Éd de Minuit, coll. « Arguments », 1969.

NEGRI Antonio, *L'Anomalie sauvage. Puissance et pouvoir chez Spinoza*, PUF, 1982.

Groupement de textes

L'homme méchant

« IL EÛT ÉTÉ RÉCONFORTANT de croire qu'Eichmann était un monstre », avance Hannah Arendt dans l'épilogue de son enquête sur le procès d'Eichmann, le « spécialiste de la question juive » sous le Troisième Reich. « Monstre » ici renvoie notamment à l'idée d'un être accomplissant le mal *pour le mal, voulant le mal en tant que mal.*

La notion de mal pose problème parce qu'elle suppose une volonté du mal. Mais cette supposition a un statut particulier. Ne serait-ce pas plutôt une croyance ? On est en effet *porté* à affirmer qu'une telle chose existe (vouloir le mal pour lui même), et nous caractérisons les actes des hommes conformément à cette croyance. Mais il faut encore examiner la possibilité de parler d'une volonté *absolument mauvaise.* Il apparaît que cette hypothèse métaphysique remet en question la rationalité de l'homme, sans permettre de poser la question des motivations concrètes, spécifiques, des hommes qui paraissent poursuivre des buts bien définis qui n'ont aucune commune mesure avec les idées générales de bien et de mal.

1.

PLATON (428-347 av. J.-C.)

Gorgias

(trad. de Léon Robin, Folio essais n° 347)

Gorgias *met en scène Socrate affrontant un groupe de rhéteurs : Gorgias, entre autres choses professeur réputé de rhétorique, Pôlos, rhéteur de profession et Calliclès, se préparant à une carrière politique, défenseur du droit du plus fort. La discussion, longue, porte sur les faux-semblants de la rhétorique et leurs conséquences sur la politique.*

Le passage que nous citons en extrait montre un Socrate avançant pas à pas dans la discussion pour faire admettre à Pôlos que ceux qui paraissent tout-puissants (les rhéteurs et les tyrans sont les exemples privilégiés ici) ne font pas en réalité ce qu'ils veulent, même s'ils font ce qui leur plaît. Affirmation que Pôlos trouve « ignoble » et « monstrueuse » tant elle va contre l'opinion admise. Il s'agit d'abord de mettre en avant les termes généraux qui permettent de comprendre pourquoi un homme agit : il poursuit un but. Et s'il poursuit ce but, c'est qu'il le considère comme bon (au moins pour lui), et c'est pourquoi on dit qu'il veut cette chose. Le problème se pose quand on considère la question de savoir à quoi on reconnaît qu'une chose est bonne. En tout cas, s'impose la distinction entre ce que l'on fait (dans l'idée que c'est le moyen d'atteindre son but) et ce que l'on veut (la chose bonne). Cette opposition renvoie à une autre : l'opposition entre bien apparent et bien réel (ignoré, dédaigné), courante chez Platon, suivant en cela les enseignements du Socrate historique. Le tout étant de faire apparaître l'idée paradoxale qu'en réalité il arrive que l'on ne peut pas vouloir ce que l'on fait, quand, précisément, l'on accomplit une action nuisible que le sujet ne considère pas comme telle au moment où il agit parce qu'il est ignorant. Il s'avère qu'au moment où l'homme « méchant » agit, il ne pense pas ce qu'il fait, préoccupé du but à atteindre qui lui paraît un bien.

SOCRATE : Si c'est cela, dis-moi donc ton avis : les hommes veulent-ils ce que chaque fois ils font ? ou bien, veulent-ils la chose en vue de laquelle ils font ce qu'ils font ? Par exemple, quand, par ordonnance du médecin, on boit un remède, à ton avis veut-on ce que précisément on fait : boire le remède et en ressentir un désagrément ? ou bien veut-on ce en vue de quoi on le boit : se bien porter ?

PÔLOS : On veut se bien porter, c'est clair !

[...]

SOCRATE : Mais n'en est-il pas de même encore partout ? Quand on agit en vue de quelque fin, ce n'est pas son acte que l'on veut ; n'est-ce pas au contraire ce en vue de quoi on le fait ?

PÔLOS : Oui.

SOCRATE : Or, y a-t-il rien dans la réalité qui ne soit pas, ou quelque chose de bon, ou quelque chose de mauvais, ou quelque chose d'intermédiaire et qui n'est ni bon ni mauvais ?

PÔLOS : Absolument forcé, Socrate !

SOCRATE : Or donc, de la sagesse, de la bonne santé, de la richesse et autres choses du même ordre, ne dis-tu pas que ce sont des biens ? et des maux, leurs contraires ?

PÔLOS : Oui, bien sûr !

SOCRATE : Quant à ce qui n'est ni un bien, ni un mal, n'est-ce pas, d'après toi, ce qui est du genre des choses qui parfois participent au bien, parfois au mal, parfois ni à l'un ni à l'autre, comme d'être assis, de marcher pas à pas ou de courir, de naviguer, et comme, d'un autre côté, le sont des cailloux, des bouts de bois et ce qu'il y a encore de ce genre ? N'est-ce pas de cela que tu veux parler ? ou bien sont-ce d'autres choses que tu appelles « ni bonnes ni mauvaises » ?

PÔLOS : Non, mais bien celles-là.

SOCRATE : Or, ces choses intermédiaires, quand nous les faisons, est-ce en vue de celles qui sont bonnes que nous les faisons ? ou bien sont-ce les bonnes en vue des intermédiaires ?

PÔLOS : Les intermédiaires, sans conteste, en vue des bonnes !

SOCRATE : En sorte que c'est le bien que nous poursuivons, en marchant quand nous marchons, parce que nous croyons que cela vaut mieux, ou, au contraire, en restant en place lorsque nous restons en place, ayant en vue la même chose : le bien. N'est-il pas vrai ?

PÔLOS : Oui.

SOCRATE : N'est-ce pas ainsi, encore, que, en faisant périr, supposé que nous fassions périr quelqu'un, en bannissant, en dépouillant de la fortune, nous croyons qu'il est meilleur pour nous de faire cela que de ne point le faire ?

PÔLOS : Hé ! absolument.

SOCRATE : En sorte que c'est en vue du bien que font tout cela, sans exception, ceux qui le font ?

PÔLOS : Approuvé.

SOCRATE : Or, ne sommes-nous pas tombés d'accord que ce que nous faisons en vue de quelque fin, ce n'est pas cela que nous voulons, mais ce en vue de quoi nous faisons cela ?

PÔLOS : Tout ce qu'il y a de plus !

SOCRATE : Ainsi donc, égorger quelqu'un, non plus que le bannir de la cité, non plus que le dépouiller de sa fortune, ce n'est pas là ce que nous voulons, comme cela tout simplement ; mais nous le voulons faire dans le cas où cela nous est utile, tandis que, dans le cas où cela nous est dommageable, nous ne le voulons pas. Car nous voulons les choses bonnes, ainsi que tu le déclares toi-même, tandis que celles qui ne sont ni bonnes ni mauvaises, nous ne les voulons pas, pas plus que celles qui sont mauvaises. […] Or, suppose toutefois que nous nous accordions sur ce qui précède, alors, dans le cas où un homme (qu'il ait qualité de tyran, qu'il ait qualité d'orateur) en fait périr un autre, ou le bannit de la cité, ou le dépouille de sa fortune, en croyant que c'est pour lui-même meilleur tandis que cela se trouve être plus mauvais, alors, bien sûr, cet homme-là fait ce qu'à son point de vue il juge bon de faire. N'est-ce pas cela en effet ?

PÔLOS : Oui.

SOCRATE : Mais est-ce cela qu'il veut aussi, s'il est vrai que cela se trouve être mauvais ?… Qu'attends-tu pour me répondre ?

PÔLOS : Eh bien ! ce n'est pas mon avis qu'il le veuille.

2.

MOLIÈRE (1622-1673)

Dom Juan ou le Festin de pierre (1665)

(Folio classique n° 3229)

« Un grand seigneur méchant homme » : c'est en ces termes que Sganarelle, le valet, dans la scène d'exposition, finit par qualifier son maître Dom Juan devant Gusman, l'écuyer d'Elvire qui poursuit le séducteur. On note que le valet n'a d'abord pas assez de termes pour faire concevoir la malignité du maître à son interlocuteur : « Je t'apprends, inter nos, que tu vois en Dom Juan mon maître, le plus grand scélérat que la terre ait jamais porté, un enragé, un chien, un diable, un turc, un hérétique, qui ne croit ni ciel, ni enfer, ni loup-garou ; qui passe cette vie en véritable brute ; un pourceau d'Épicure, un vrai Sardanapale. » On trouve là-dedans toutes sortes de registres (de l'insulte à la condamnation morale), et, dans cette inépuisable réserve de termes réprobateurs, on trouve aussi la fascination du valet, son incompréhension en même temps sans doute qu'une manière simple de s'expliquer l'anomalie que constitue son maître : c'est un seigneur qui se croit tout permis. N'est-ce pas parce qu'il est un grand seigneur qu'il est méchant homme ? qu'il peut affirmer sa méchanceté, à l'encontre de la morale commune, en se croyant au-dessus des règles qu'observent les hommes du commun ? Mais Dom Juan, produit de sa classe, pousse la valeur héroïque jusqu'au défi contre toutes sortes d'autorité, et affirme par là paradoxalement une certaine éthique au nom de laquelle il se place au-dessus de la morale et la méprise. Aussi bien, ce sens aristocratique qui s'exprime notamment par un libertinage moral et un mépris total de la religion, ne le fait reculer devant aucun stratagème, considéré comme indigne ou signe de bassesse, comme l'hypocrisie dont il fait profession dans la scène 2 de l'acte V. Dom Juan, grand seigneur, n'est pas accessible à la honte. Tirant des leçons de l'expérience sociale, l'hypocrisie lui apparaît être le meilleur moyen de mettre à couvert ses actions de la censure si lui-même se met à censurer tous les autres.

SGANARELLE

Ah ! Monsieur, que j'ai de joie de vous voir converti ! Il y a longtemps que j'attendais cela, et voilà, grâce au Ciel, tous mes souhaits accomplis.

DOM JUAN

La peste le benêt !

SGANARELLE

Comment, le benêt ?

DOM JUAN

Quoi ? tu prends pour de bon argent ce que je viens de dire, et tu crois que ma bouche était d'accord avec mon cœur ?

SGANARELLE

Quoi ! ce n'est pas... Vous ne... Votre... Oh ! quel homme ! quel homme ! quel homme !

DOM JUAN

Non, non, je ne suis point changé, et mes sentiments sont toujours les mêmes.
[...] et si j'ai dit que je voulais corriger ma conduite et me jeter dans un train de vie exemplaire, c'est un dessein que j'ai formé par pure politique, un stratagème utile, une grimace nécessaire où je veux me contraindre, pour ménager un père dont j'ai besoin, et me mettre à couvert du côté des hommes, de cent fâcheuses aventures qui pourraient m'arriver. Je veux bien, Sganarelle, t'en faire confidence, et je suis bien aise d'avoir un témoin du fond de mon âme et des véritables motifs qui m'obligent à faire les choses.

SGANARELLE

Quoi ? vous ne croyez rien du tout, et vous voulez cependant vous ériger en homme de bien ?

DOM JUAN

Et pourquoi non ? Il y en a tant d'autres comme moi qui se mêlent de ce métier, et qui se servent du même masque pour abuser le monde !

SGANARELLE

Ah ! quel homme ! quel homme !

DOM JUAN

Il n'y a plus de honte maintenant à cela : l'hypocrisie est un vice à la mode, et tous les vices à la mode passent pour vertus. Le personnage d'homme de bien est le meilleur de tous les personnages qu'on puisse jouer aujourd'hui, et la profession d'hypocrite a de merveilleux avantages. C'est un art de qui l'imposture est toujours respectée ; et quoiqu'on la découvre, on n'ose rien dire contre elle. Tous les autres vices des hommes sont exposés à la censure, et chacun a la liberté de les attaquer hautement ; mais l'hypocrisie est un vice privilégié, qui, de sa main, ferme la bouche à tout le monde, et jouit en repos d'une impunité souveraine. On lie, à force de grimaces, une société étroite avec tous les gens du parti. Qui en choque un se les jette tous sur les bras ; et ceux que l'on sait même agir de bonne foi là-dessus, et que chacun connaît pour être véritablement touchés, ceux-là, dis-je, sont toujours les dupes des autres ; ils donnent hautement dans le panneau des grimaciers et appuient aveuglément les singes de leurs actions. Combien crois-tu que j'en connaisse qui, par ce stratagème, ont rhabillé adroitement les désordres de leur jeunesse, qui se sont fait un bouclier du manteau de la religion, et, sous cet habit respecté, ont la permission d'être les plus méchants hommes du monde ? On a beau savoir leurs intrigues et les connaître pour ce qu'ils sont, ils ne laissent pas pour cela d'être en crédit parmi les gens ; et quelque baissement de tête, un soupir mortifié, et deux roulements d'yeux rajustent dans le monde tout ce qu'ils peuvent faire. C'est sous cet abri favorable que je veux me sauver, et mettre en sûreté mes affaires. Je ne quitterai point mes douces habitudes ; mais j'aurai soin de me cacher et me divertirai à petit bruit. Que si je viens à être découvert, je verrai, sans me remuer, prendre mes intérêts à toute la cabale, et je serai défendu par elle envers et contre tous. Enfin c'est là le vrai moyen de faire impunément tout ce que je voudrai. Je m'érigerai en censeur des actions d'autrui, jugerai mal de tout le monde, et n'aurai bonne opinion que de moi. Dès qu'une fois on m'aura choqué tant soit peu, je ne pardonnerai jamais et garderai tout doucement une haine irréconciliable. Je ferai le vengeur des intérêts du Ciel, et, sous ce prétexte commode, je pousserai mes ennemis, je les accuserai d'impiété, et saurai déchaîner contre eux des zélés indiscrets, qui, sans connaissance de cause, crieront en public contre eux, qui les accableront d'injures, et les damneront hautement de leur autorité privée. C'est ainsi qu'il faut profiter des faiblesses des hommes, et qu'un sage esprit s'accommode aux vices de son siècle.

(Acte V, scène 2.)

3.

Emmanuel KANT (1724-1804)

La religion dans les limites de la raison (1792-93)

(trad. de A. Tremesaygues, PUF/Alcan)

*Kant est connu pour la défense d'une morale du devoir fondé sur la notion de loi morale dont nous rappelons la formulation : « Agis de telle sorte que la maxime de ta volonté puisse en même temps toujours valoir comme principe d'une législation universelle » (*Critique de la raison pratique, *II). La loi morale, en tant que présentant un impératif pour la volonté, ne peut pas être considérée comme faisant partie des lois de la nature, lesquelles ne traitent que de ce qui arrive. Aucun commandement ne peut valoir, en effet, pour ce qui est nécessairement soumis à ces lois, comme les objets de la nature sensible. Si rien, dans la nature, ne peut contrevenir aux lois physiques, l'homme, en tant qu'être à la fois naturel et rationnel, doté de volonté, peut transgresser la loi morale. C'est en ce sens que l'homme est capable du mal. Ainsi, dans* La religion dans les limites de la raison, *Kant affirme qu'il existe, chez l'homme, un mal radical, un penchant, enraciné dans son espèce, à dévier de la maxime de la moralité. Or, si l'on veut lui imputer ce penchant au mal, et par là affirmer la possibilité même de l'attitude morale distinguée de l'attitude méchante, cette propension au mal ne peut renvoyer ni à un « instinct naturel » ni à la raison elle-même : « Pour fournir le principe du mal* *moral dans l'homme, la sensibilité contient trop peu ; car elle fait de l'homme, en éliminant les mobiles issus de la liberté, un être purement animal ; au contraire, une raison affranchie de la loi morale, et pour ainsi dire perverse (une volonté absolument mauvaise) contient trop, parce qu'elle érige en mobile l'opposition contre la loi même (le libre arbitre ne pouvant se déterminer sans mobiles) et qu'elle ferait ainsi du sujet un être diabolique. Or l'homme n'est ni bête, ni démon [...]. »*

Donc, d'une part, Kant affirme que l'impératif n'a de sens que pour une volonté en soi capable de révolte, capable de s'opposer à la loi morale, et, d'autre part, il affirme qu'on ne peut trouver le mal ni dans la sensibilité ni dans la raison. La possibilité de concevoir l'homme méchant en tant que tel se fonde sur la thèse que la volonté est libre. Mais, cela supposé, le mal reste originairement inexplicable (s'il faut en imputer la responsabilité à l'homme) car l'idée d'une volonté humaine purement mauvaise reste problématique pour Kant.

> Quant à l'origine rationnelle de ce détraquement de notre libre arbitre, qui se manifeste dans la manière dont il met en première ligne, dans ses maximes, les principes subordonnés, quant à l'origine rationnelle de ce penchant au mal, elle demeure impénétrable pour nous, parce qu'elle doit elle-même nous être imputée, et que, par conséquent, ce principe fondamental de toutes les maximes nécessiterait à son tour l'adoption d'une maxime mauvaise. Le mal n'a pu dériver que d'un fondement moralement mauvais (et non pas des simples limitations de notre nature) ; et cependant le fonds originel de l'homme (que nul autre que lui n'a pu corrompre, si cette corruption doit lui être imputée) est une disposition au bien ; nous ne pouvons donc pas trouver de principe compréhensible qui nous fasse voir d'où le mal moral a pu venir. C'est cette incompréhensibilité, en même temps que la détermination plus précise de notre méchanceté de notre espèce, que l'Écriture marque dans ce récit historique, lorsque, tout en plaçant le mal au commencement du monde, elle le présente comme existant non pas encore dans l'homme, mais dans un *esprit* d'une destinée originairement plus élevée ; ainsi le commencement pre-

mier de tout le mal en général est représenté comme étant pour nous incompréhensible (car d'où provient le mal dans cet esprit ?), et l'homme est donné comme un être qui tombe dans le mal uniquement *parce qu'il s'y laisse entraîner*, qui n'est donc pas foncièrement perverti (même dans sa disposition première au bien), mais qui est encore susceptible d'une amélioration, contrairement à l'*esprit* tentateur, c'est-à-dire un être dont la faute n'a pas d'excuse, puisqu'on ne peut pas l'imputer aux tentations de la chair ; ce qui laisse à l'homme pervers de cœur, mais qui pourtant garde toujours une volonté bonne, l'espoir d'un retour au bien.

(Ire partie, IV.)

4.

Friedrich NIETZSCHE (1844-1900)

La Généalogie de la morale (1887)

(trad. d'Isabelle Hildenbrand et Jean Gratien, Folio essais n° 16)

Nietzsche se présente comme un pourfendeur de la morale, notamment la morale rigoriste kantienne de l'impératif catégorique. Il s'emploie, pour ce faire, à relativiser les notions morales admises, ainsi propose-t-il une perspective qui se situe par-delà les notions couplées de bien et de mal, d'où le titre de son ouvrage de 1886 : Par-delà bien et mal. La Généalogie de la morale *se présente comme « un écrit polémique pour compléter et éclairer* Par-delà bien et mal *» (sous-titre de l'ouvrage datant de 1887). Nietzsche entreprend alors la distinction de deux types (moraux) d'homme : l'homme « noble » et l'homme du ressentiment. L'homme « noble » est d'abord sain (il n'est pas empoisonné par sa pensée), il est fort. Il a notamment comme principale vertu, la vertu de l'oubli, par opposition à ce qu'il faut bien appeler ici un vice, celui de la rumination, conséquence du développement historique de la civilisation.* La Généalogie de la morale *retrace l'histoire de cette rumination, qui est le propre du second type d'homme, le* *plus répandu : l'homme du ressentiment, autrement qualifié par Nietzsche comme « esclave » ou « type réactif ».*

L'extrait présenté ici est tiré de la première dissertation : « Bon et méchant » / « Bon et mauvais », qui présente les hommes du ressentiment comme faibles et impuissants du fait de leur confrontation avec plus fort qu'eux. Réduits à l'impuissance, ils nourrissent un sentiment de haine envers l'autre, plus fort, devenu du coup un ennemi méchant.

> Car même le ressentiment, quand il se rencontre chez l'homme noble, se manifeste et s'épuise en une réaction instantanée si bien qu'il *n'empoisonne* pas : de plus, en d'innombrables circonstances où il serait inévitable chez les hommes faibles et impuissants, il n'apparaît même pas. Ne pouvoir prendre longtemps au sérieux ni ses ennemis, ni ses échecs, ni même ses propres *méfaits* — voilà le signe des natures fortes et accomplies auxquelles une surabondance de force plastique permet de se régénérer, de guérir et même d'oublier (dans le monde moderne, Mirabeau en est un bon exemple, lui qui n'avait pas la mémoire des insultes et des infamies dirigées contre lui, et qui ne pouvait pardonner, pour la simple raison qu'il oubliait). Un tel homme se débarrasse d'un seul coup de beaucoup de vermine qui chez d'autres s'incrusterait ; le véritable « *amour* de ses ennemis » n'est possible qu'ici, à supposer qu'il le soit sur terre. Combien profond est le respect que porte à ses ennemis l'homme noble ! — et un tel respect est déjà un pont vers l'amour... L'homme noble exige que son ennemi lui soit comme une distinction, il ne supporte pas d'autre ennemi que celui chez qui il n'y a rien à mépriser et *beaucoup* à vénérer ! Que l'on se représente au contraire « l'ennemi » tel que le conçoit l'homme du ressentiment, et nous tenons là son exploit à lui, sa création : il a conçu « l'ennemi méchant », « *le méchant* » comme principe, à partir duquel il imagine par imitation et comme antithèse un « bon » — lui-même !...
>
> (Première dissertation, § 10.)

5.

Hannah ARENDT (1906-1975)

Eichmann à Jérusalem (1963)

(trad. d'Anne Guérin, revue par Martine Leibovici, Folio histoire n° 32)

Le livre de Hannah Arendt peut être présenté comme un compte rendu du procès d'Otto Adolf Eichmann, « spécialiste de la question juive » du Troisième Reich, impliqué dans la déportation et l'assassinat en série de millions de juifs. Le procès eut lieu à Jérusalem : il débuta en avril 1961 et se conclut par la condamnation à la peine de mort de l'accusé, par pendaison, le 31 mai 1962. Ce livre est surtout une enquête sur les motivations d'un homme clairement coupable des faits qui lui étaient reprochés. Et cette enquête se termine par l'évocation de l'attitude d'Eichmann quelques minutes avant son exécution, qui n'avait trouvé rien de mieux à dire que des phrases « toutes faites », stéréotypées, de circonstance : « Comme si, en ces dernières minutes, il résumait la leçon que nous a apprise cette longue étude sur la méchanceté humaine : la terrible, l'indicible, l'impensable banalité du mal. » Le passage que nous citons en extrait est tiré de l'Épilogue qui rend compte de la portée conceptuelle de cette conclusion. Ce livre, à sa parution, a provoqué une importante polémique en raison même de cette conclusion qui remet en cause la possibilité de singulariser (isoler) à outrance le criminel en niant qu'il puisse être considéré comme un monstre, un « anormal ». Cette normalité que l'on est forcé de constater et d'accepter n'enlève rien, en revanche, aux prérogatives de la justice qui retrouve ici son sens, ou sa justification archaïque de réparation.

> Il eût été très réconfortant de croire qu'Eichmann était un monstre, même si, dans ce cas, l'accusation d'Israël contre lui s'effondrait, ou, du moins, perdait tout intérêt. Il aurait été certainement très difficile d'en appeler au monde entier et de faire venir des correspondants de

presse de tous les coins du globe à seule fin d'exhiber une sorte de Barbe-Bleue derrière les barreaux. L'ennui, avec Eichmann, c'est précisément qu'il y en avait beaucoup qui lui ressemblaient et qui n'étaient ni pervers ni sadiques, qui étaient, et sont encore, terriblement et effroyablement normaux. Du point de vue de nos institutions et de nos critères moraux de jugement, cette normalité était beaucoup plus terrifiante que toutes les atrocités réunies, car elle supposait — les accusés et leurs avocats le répétèrent mille fois à Nuremberg — que ce nouveau type de criminel, tout *hostis humani generis* qu'il soit, commet des crimes dans des circonstances telles qu'il lui est pour ainsi dire impossible de savoir ou de sentir qu'il fait le mal. À cet égard, les témoignages présentés au procès Eichmann sont encore plus convaincants que les témoignages présentés aux procès des principaux criminels de guerre, car leurs allégations de bonne conscience pouvaient être plus facilement récusées, dans la mesure où elles invoquaient, pêle-mêle, et l'argument d'avoir obéi à des « ordres supérieurs » et toutes sortes de vantardises à propos de désobéissances occasionnelles. Mais, bien que la mauvaise foi des accusés ait été manifeste, la seule base à partir de laquelle il était effectivement possible de démontrer leur mauvaise conscience était le fait que les nazis, et particulièrement les organismes criminels auxquels appartenait Eichmann, avaient passé beaucoup de temps, pendant les derniers mois de la guerre, à détruire les preuves de leurs crimes. Et une telle base était plutôt fragile. Elle prouvait seulement que la loi du meurtre de masse était encore trop nouvelle pour que les autres nations acceptent de la reconnaître. [...] ou encore, en langage courant, elle ne prouvait rien d'autre que la reconnaissance de la défaite. Un seul d'entre eux aurait-il souffert de mauvaise conscience s'ils avaient été victorieux ?

Parmi les questions plus générales qui étaient en jeu au procès Eichmann, la première était le présupposé commun à tous les systèmes juridiques modernes selon lequel il faut avoir l'intention de faire le mal pour commettre un crime. Peut-être n'y a-t-il rien dont la jurisprudence des pays civilisés n'ait tiré plus de fierté que cette prise en considération de ce facteur subjectif. Quand cette intention est absente, quand, pour une raison ou une autre, fût-ce l'aliénation morale, la faculté de distinguer le bien du mal est atteinte, nous pensons qu'il n'y a pas eu crime. Nous rejetons, nous considérons comme barbares les idées selon lesquelles « un grand crime est une offense contre la nature, de sorte que la terre elle-même crie vengeance ; que le mal viole l'harmonie naturelle que seul le châtiment peut rétablir ; qu'une collectivité lésée a le devoir à l'égard de l'ordre moral de châtier le criminel » (Yosal Rogat). Et pourtant je pense pouvoir affirmer que c'est précisément sur la base de telles idées, oubliées depuis longtemps, qu'on a été conduit à traduire Eichmann en justice et qu'en réalité, elles ont fourni la suprême justification pour la peine de mort. Parce qu'il avait été impliqué et avait joué un rôle central dans une entreprise dont le but avoué était l'élimination à tout jamais de certaines « races » de la surface de la terre, il fallait l'éliminer.

(Épilogue.)

Prolongements

Distinctions de notions et conséquences conceptuelles

- **Éthique et morale :** doit-on distinguer ces deux notions ? Comment ? Dans ce qui oppose l'attitude de Blyenbergh et de Spinoza, quels éléments pourraient servir à expliciter cette distinction ? Quelles sont les fonctions des idées de « récompense » et de « châtiment » dans un horizon moral ? Que deviennent ces idées dans un horizon éthique ?
- **Mal et mauvais :** quand Spinoza affirme que le mal n'est qu'une négation, ou bien quand, dans l'*Éthique*, le philosophe affirme que « la connaissance du mal est une connaissance inadéquate », quel est le point de vue adopté ? Cela implique-t-il que tout doit être considéré comme *bon* ? Cela implique-t-il que rien n'est *mauvais* ? Comment définir ce qui est « mauvais » et ce qui est « bon » ? Ne peut-on pas s'aider de l'opposition (relative) entre *utile* et *nuisible* ?
- **Liberté, choix, indifférence :** qu'est-ce que la liberté ? Faire un choix implique-t-il nécessairement d'être libre ? Le choix ne peut-il pas s'expliquer par des causes qui le déterminent, dont on peut très bien ne pas être conscient ? De ce point de vue, ne peut-on pas soupçonner l'ignorance de fonder une certaine croyance à la liberté (la liberté de choix, la liberté d'indifférence) ?

Voir ainsi ce qu'affirme Spinoza dans l'Appendice de la première partie de l'*Éthique*: « Les hommes naissent tous ignorants des causes des choses, et qu'ils ont tous l'appétit de chercher ce qui leur est utile, chose dont ils ont conscience. Car de là suit, *premièrement*, que les hommes se croient libres, pour la raison qu'ils ont conscience de leurs volitions et de leur appétit, et que, les causes qui les disposent à appéter et à vouloir, ils les ignorent, et n'y pensent même pas en rêve. Il suit, *deuxièmement*, qu'en tout les hommes agissent à cause d'une fin ; à savoir, à cause de l'utile, dont ils ont l'appétit. »

- **Volonté et désir :** convient-il de distinguer ces notions ? Le désir passe, dans la tradition philosophique (inaugurée par Platon, portée par Kant), pour irrationnel, tandis que la volonté passe pour rationnelle, déterminable uniquement par la raison. Mais il faut se demander, avec Spinoza, si la volonté constitue une faculté réelle de l'homme : n'y a-t-il pas que des volontés particulières, ces volontés particulières renvoyant aux *affirmations* et aux *négations* que contiennent déjà les idées ?
Voir ainsi les propositions de Spinoza qui avance que, premièrement, « dans l'esprit nulle volonté n'est absolue » (*Éthique*, II, 48), et que, deuxièmement, « il n'y a aucune volition, autrement dit aucune affirmation et négation, à part celle qui enveloppe l'idée, en tant qu'elle est idée » (*Éthique*, II, 49).
Comparer avec la définition du désir par Spinoza : « Le désir est l'essence même de l'homme, en tant qu'on la conçoit comme déterminée, par suite d'une quelconque affection d'elle-même, à faire quelque chose » (*Éthique*, III, Définitions des Affects, I).
- **Nécessité et contrainte :** à partir des distinctions suggérées ci-dessus, comment articuler cette nouvelle distinction ? Qu'est-ce qui fait obstacle à la liberté, la nécessité ou la contrainte ?

Sujets de dissertation

- Qu'est-ce que la vertu ?
- Peut-on vouloir le mal ?
- Peut-on devenir meilleur ?
- L'homme est-il libre ?

À écouter

- Gilles Deleuze, *Spinoza : immortalité et éternité*, double CD, Gallimard, coll. « À voix haute ». Ce sont des extraits enregistrés des cours de Gilles Deleuze sur Spinoza à Paris-VIII de 1978 à 1981, où sont notamment abordées les questions de la nature de l'individu et de ce qui est *important* (« L'importance comme critère d'existence »).

À voir

- *Arsenic et vieilles dentelles (Arsenic and Old Lace)*, film américain de Frank Capra, 1944.
- *Benny's Video*, film autrichien de Michael Haneke, 1992.
- *La chute* (*Der Untergang*), film allemand de Oliver Hirschbiegel, 2003.
- *La nuit du chasseur* (*The Night of the Hunter*), film américain de Charles Laughton, 1955.
- *Le boucher*, film français de Claude Chabrol, 1966.
- *M le maudit* (*M*), film allemand de Fritz Lang, 1931.
- *Orange mécanique* (*A Clockwork Orange*), film britannique de Stanley Kubrick, 1971.

À lire

- *Crime et châtiment* de Fedor Dostoïevski, trad. de D. Ergaz et Vladimir Pozner, Gallimard, Folio classique n° 2661 ; *Les Frères Karamazov*, trad. de H. Mongault, Gallimard, Folio classique n° 2655.

Série Philosophie

Notions d'esthétique (anthologie) (110)
Notions d'éthique (anthologie) (171)
ALAIN, *44 Propos sur le bonheur* (105)
Hannah ARENDT, *La Crise de l'éducation* extrait de *La Crise de la culture* (89)
ARISTOTE, *Invitation à la philosophie (Protreptique)* (85)
Walter BENJAMIN, *L'œuvre d'art à l'époque de sa reproductibilité technique* (123)
Émile BENVENISTE, *La communication*, extrait de *Problèmes de linguistique générale* (158)
Albert CAMUS, *Réflexions sur la guillotine* (136)
René DESCARTES, *Méditations métaphysiques* – « 1, 2 et 3 » (77)
René DESCARTES, *Des passions en général*, extrait de *Les Passions de l'âme* (129)
René DESCARTES, *Discours de la méthode* (155)
Denis DIDEROT, *Le Rêve de d'Alembert* (139)
Émile DURKHEIM, *Les règles de la méthode sociologique* – « Préfaces, chapitres 1, 2 et 5 » (154)
ÉPICTÈTE, *Manuel* (173)
Michel FOUCAULT, *Droit de mort et pouvoir sur la vie*, extrait de *La Volonté de savoir* (79)
Sigmund FREUD, *Sur le rêve* (90)
Thomas HOBBES, *Léviathan* – « Chapitres 13 à 17 » (111)
David HUME, *Dialogues sur la religion naturelle* (172)
François JACOB, *Le programme* et *La structure visible*, extraits de *La logique du vivant* (176)
Emmanuel KANT, *Des principes de la raison pure pratique*, extrait de *Critique de la raison pratique* (87)

DANS LA MÊME COLLECTION

Emmanuel KANT, *Idée d'une histoire universelle au point de vue cosmopolitique* (166)

Étienne de LA BOÉTIE, *Discours de la servitude volontaire* (137)

G.W. LEIBNIZ, *Préface aux Nouveaux essais sur l'entendement humain* (130)

Claude LÉVI-STRAUSS, *Race et histoire* (104)

Nicolas MACHIAVEL, *Le Prince* (138)

Nicolas MALEBRANCHE, *La Recherche de la vérité* – « De l'imagination, 2 et 3 » (81)

Marc AURÈLE, *Pensées* – « Livres II à IV » (121)

Karl MARX, *Feuerbach. Conception matérialiste contre conception idéaliste* (167)

Maurice MERLEAU-PONTY, *L'Œil et l'Esprit* (84)

Maurice MERLEAU-PONTY, *Le cinéma et la nouvelle psychologie* (177)

John Stuart MILL, *De la liberté de pensée et de discussion*, extrait de *De la liberté* (122)

Friedrich NIETZSCHE, *La « faute », la « mauvaise conscience » et ce qui leur ressemble (Deuxième dissertation)*, extrait de *La Généalogie de la morale* (86)

Friedrich NIETZSCHE, *Vérité et mensonge au sens extra-moral* (139)

Blaise PASCAL, *Trois discours sur la condition des Grands* et six liasses extraites des *Pensées* (83)

PLATON, *La République* – « Livres 6 et 7 » (78)

PLATON, *Le Banquet* (109)

PLATON, *Apologie de Socrate* (124)

PLATON, *Gorgias* (159)

Jean-Jacques ROUSSEAU, *Discours sur l'origine et les fondements de l'inégalité parmi les hommes* (82)

DANS LA MÊME COLLECTION

SAINT AUGUSTIN, *La création du monde et le temps* – « Livre XI, extrait des *Confessions* » (88)

Baruch SPINOZA, *Lettres sur le mal* – « Correspondance avec Blyenbergh » (80)

Alexis de TOCQUEVILLE, *De la démocratie en Amérique I* – « Introduction, chapitres 6 et 7 de la deuxième partie » (97)

Simone WEIL, *Les Besoins de l'âme*, extrait de *L'Enracinement* (96)

Ludwig WITTGENSTEIN, *Conférence sur l'éthique* (131)

Composition Interligne
Impression Novoprint
à Barcelone, le 22 octobre 2016
Premier dépôt légal : mai 2006
Dépôt légal : octobre 2016
ISBN 978-2-07-033838-2/Imprimé en Espagne.

312402